BASTEI
LÜBBE

© Stephan Pick

SONYA KRAUS

geboren: 22.6.1973
Wohnort: Frankfurt
Größe: 1,77 m
Augenfarbe: grün-blau
Haarfarbe: blond
Bauabschnitte:
Machte Abitur, arbeitete mehrere Jahre als Model … und hatte Hunger. Wollte zum Fernsehen, arbeitete beim Glücksrad … und wollte selbst buchstabieren. Wechselte die Baustelle und wurde als Hobbyheimwerkerin zur Profi-SOS-Renovierungsfachfrau bei Pro 7. Heute ist Sonya Kraus das Aushängeschild ihres Senders und eine der erfolgreichsten Moderatorinnen des Privatfernsehens.

**Und von Sonya gibt's noch was auf die Ohren:
Das Hörbuch zu »Baustelle Mann«!
ISBN 978-3-7857-3202-1**

Sonya Kraus

Baustelle Mann

Der ultimative Love-Guide

BASTEI LÜBBE

BASTEI LÜBBE TASCHENBUCH
Band 66407

1.–5. Auflage: März 2007

Vollständige Taschenbuchausgabe

Bastei Lübbe Taschenbücher in der Verlagsgruppe Lübbe

Originalausgabe

Umschlaggestaltung: Bianca Sebastian
Satz und Innengestaltung: Gisela Kullowatz
Druck und Verarbeitung: Ebner & Spiegel, Ulm
Printed in Germany
ISBN 978-3-404-66407-8

Sie finden uns im Internet unter
www.luebbe.de

Mein Baustelle-Buch
wäre immer noch »under construction«, hätte ich nicht
die Hilfe anderer Heimwerker gehabt.

Von ganzem Herzen danke ich:

meiner sprachlichen Zwillingsschwester

Berit Sochor

sowie dem einzigen Kerl, der bei diesem Buch etwas
zu melden hatte,

Denis Schaber

für deren Kreativität, Humor, Logik und Planung!

Mit euch – jederzeit wieder!

INHALTSVERZEICHNIS

EINLEITUNG

Liebes Tagebuch,

3. März 2006
Hatte heute eine Begegnung der dritten Art: Der Lübbe-Verlag hat angerufen. Stefan Lübbe höchstpersönlich! Nein, er möchte keinen Sonya-Kraus-Bikini-Kalender drucken – er will, dass ich schreibe! Sehr seltsam … O. k., ich kann lesen und schreiben, aber braucht die Welt wirklich noch einen Promi, der seine geistigen Ergüsse zu Papier bringt? Hm …

4. März 2006
Gestern Nacht noch große Mädels-Konferenz abgehalten. Der Beschluss nach drei Diskussionsrunden und acht Flaschen Prosecco: Natürlich braucht die Welt dringend noch ein Buch! Und zwar eine Bedienungsanleitung für den Mann. Kann Frau immer gebrauchen, und Sex sells.
PS: Nie wieder Alkohol!

5. März 2006
Ich war immer treu – acht Jahre lang, und gestern ist es dann passiert. Bin fremdgegangen! Zu meiner Schande muss ich gestehen: Es war aufregend und intensiv. Aus dem Quicky könnte tatsächlich etwas Längeres werden. Mir bleibt wohl nichts anderes übrig, als Schluss zu machen: Liebes Tagebuch, du und ich, wir können gute Freunde bleiben. Aber ab jetzt habe ich einen Neuen, mit dem ich intime Stunden verbringe:
Meinen ultimativen Love-Guide!

1. November 2006
Liebes Tagebuch, gibt es für uns noch eine Chance? Habe den Love-Guide fix und fertig gemacht und werde ihn jetzt der Weiber-Welt überlassen. Mal sehen, ob er sie befriedigen kann! Mich hat er jedenfalls ziemlich hart rangenommen!

GRATULATION!

Mit Hilfe dieses weisen Liebes-Ratgebers werden Sie in spätestens einem Jahr mit ihrem Traummann verheiratet sein, in einem hübschen Reiheneckhaus wohnen und Ihr restliches Leben treu sorgend damit verbringen, drei entzückende Kinder großzuziehen! Wenn Sie jetzt vor lauter Schreck Panik-Pickel bekommen haben, sind Sie mein Mädchen!

Dieses Buch wird Sie garantiert nicht zum Super-Heimchen ausbilden, und von einem tiefgründigen, seriösen Psycho-Selbsthilfe-Schinken sind wir hier so weit entfernt wie Hella von Sinnen von einer Hochzeit mit Brad Pitt.

Für wilde, westliche Weiber wurde dieses Buch geschrieben. Für Frauen, die sich selbst nicht so ernst nehmen und die Männer schon mal gar nicht! Was Sie in den Händen halten, ist die Betriebsanleitung für den Mann, reduziert aufs Wesentliche, sozusagen das Kurzmenü: Wie er tickt, was er will und wie er uns in die Venusfalle geht! Denn das ist es doch, was wir Frauen wollen: einen Mann! Und zwar einen, der funktioniert! Einen Begleiter, der nach dem ersten Sex nicht gleich wieder seine drei Beine in die Hand nimmt, der einigermaßen stubenrein ist und uns bitte gefälligst noch multiple Orgasmen beschert.

Tja! Die Liebe ist ein leidiges Laster, für die wir Frauen gerne zur Sünderin werden.

»Viele Frauen sind nur auf ihren guten Ruf bedacht, die anderen werden glücklich!« Josefine Baker

DAS BAUWERK »MANN«! VOM KELLER BIS ZUM OBERSTÜBCHEN – EIN GRUNDRISSPLAN!

Ein »Männlein« – was ist das überhaupt? Kann es denken, fühlen, lieben? Oder ist es doch eine Art haariges, ewig erregtes, biertrinkendes Alien? Viele Fakten sprechen dafür: Männchen verwenden eine andere Sprache, sehen nackt oft unappetitlich aus und benehmen sich im Alltag häufig vollkommen merkwürdig. Bei 90 von 100 Männern handelt es sich quasi um einen unterentwickelten Ableger der Spezies Mensch, bei dem die evolutionäre Verwandtschaft mit den Menschenaffen extrem auffällig ist. Das Gehirn unserer männlich-menschlichen Gorillas ist absolut simpel strukturiert. Aber für King Kongs kleine Welt »Kicken, ficken, Fernseh kieken« reicht's völlig aus!

Ein zwei Seiten langes »Crash-Studium« sollte also vollkommen genügen, um einen Mann vom Keller bis zum Oberstübchen zu durchschauen.

»Die meisten Frauen wählen ihr Nachthemd mit mehr Verstand als ihre Männer!« Coco Chanel

DAS OBERSTÜBCHEN – ODER WIE VIEL KOSTET 1 BIER + 15 BIERE?

Die Gedankenwelt unserer Kerle reduziert sich im Wesentlichen auf Folgendes:

»Wann habe ich endlich wieder Sex?«

»Hoffentlich darf ich die Sportschau gucken!«

»Wie viel kostet 1 Bier + 15 Biere?«

Das Lösen dieser elementaren Fragen lastet den Großteil der männlichen Denkkapazität aus, wohl ein Hauptgrund, warum intelligente Konversation definitiv keine Männer-Angelegenheit ist. Ein weiterer Aspekt: Männer hassen das Zuhören (Sex-Hotlines sind hier die goldene Ausnahme!), erst recht, wenn sie mit so genannten Frauenproblemchen zugetextet werden. Lassen Sie sich von geschickt eingeworfenen »Ja's«, »Ach so's« und »Stimmt Schatz, du hast Recht!« nicht täuschen! Er simuliert Interesse, weil er gelernt hat, dass es ansonsten Ärger gibt! Wenn er könnte, würde er viel lieber die Flimmerkiste anwerfen oder sich mit der Spielkonsole vergnügen.

TIPP!

Während der Kennenlern-Phase (erstes bis zehntes Date) sind auch mit Männern tiefgründige Gespräche und ein verbaler Schlagabtausch möglich. In dieser Balztanz-Periode scheinen die Hormone das Sprachzentrum unseres heiß geliebten Primaten stark zu stimulieren. Ladys, nutzt diese Zeit! Sie kommt nie wieder …
Sollten Sie tatsächlich einen Mann erwischt haben, mit dem Sie auch nach dem zehnten Treffen noch Gespräche auf »beste-Freundin-Niveau« führen können: ACHTUNG! Dieser Mann ist höchstwahrscheinlich schwul! Falls er es tatsächlich nicht sein sollte: Herzlichen Glückwunsch! Sie Glückspilz haben ein sehr seltenes kommunikatives Exemplar erbeutet.

»Ich schätze Männer, deren Hirn dehnungsfähiger ist als ihr Penis.« Sharon Stone

Gut! Auch später haben Männer ab und an helle Momente! Dieses seltene Ereignis sollten Sie nicht mit Geplapper vergeuden, sondern unbedingt für wichtige Themen nutzen (Heirat, Kinderwunsch, Beziehungsprobleme oder die Farbe Ihrer Unterwäsche). Sie können auch die Gelegenheit beim Schopf packen und ein Streitgespräch anzetteln! Da Männer den meisten Frauen rhetorisch vollkommen unterlegen sind, gehen Sie zu 90 Prozent als Gewinnerin aus dem Ring. Ein ultimativer Selbstwertgefühl-Pusher und bei menstruationsbedingter schlechter Laune ein probates Ventil! Aber Achtung Ladys, überspannen Sie den Bogen nicht, indem Sie verbale Tiefschläge unter seiner Gürtellinie platzieren.

»Für ein kluges Mädchen sind Männer kein Problem, sondern eine Lösung!« Zsa Zsa Gabor

Damit sind wir auch schon beim großen Tabu: Auch wenn der Zornes-Teufel Sie gerade reitet, stellen Sie NIEMALS seine sexuellen Qualitäten in Frage! Verkneifen Sie sich abfällige Bemerkungen über die Größe seines Genitals! Fühlt sich ein Mann am Skrotum (den Eiern) gepackt, wird er Sie hundertprozentig verlassen!

DIE DACHABDECKUNG – AUF KURZ ODER LANG MANGELHAFT!

Die Gattung »Mann« besitzt neben ihren primären Sexualmerkmalen – mehr dazu im nächsten Kapitel – eine weitere Körperregion, die für sie elementar wichtig ist: den Schädel! Genauer: die Behaarung auf der Denkkugel. Warum wichtig? Solange die Matte beim Mann fleißig wächst, ist ihm seine Haarpracht relativ egal. Aber wehe, es setzt der erblich bedingte Haarausfall ein! Dann kommt der morgendliche Blick in den Spiegel auf seiner

persönlichen Frust-Skala gleich nach Impotenz! Jetzt ist unserem Kerl kein Haarwässerchen zu teuer und kein Friseurbesuch zu viel, solange der Coiffeur ihm die Illusion einer dichten Matte auf den Schädel arbeiten kann.

Sie wollen Ihr Schätzchen emotional noch enger an sich binden?

Spielen Sie die Verständnisvolle, bemitleiden Sie ihn, und behaupten Sie steif und fest, seine Glatze sei ja sooo sexy. Den ultimativen Volltreffer landen Sie, wenn Sie ihm eine neunziger Packung Propecia in der Apotheke kaufen. Setzt der Haarwuchs dann wieder ein, wird er Sie garantiert bis an Ihr Lebensende auf Händen tragen!

Sie wollen mit diesem Wissen Ihr Schätzchen subtil demütigen?

Dann sprechen Sie ihn, nachdem er mit nassen Haaren aus der Dusche gestiegen ist, mit Entsetzen in den Augen und Unheil verkündender Stimme darauf an, dass die kahle Stelle am Hinterkopf noch größer geworden ist.

Sie wollen Ihr Schätzchen für immer loswerden?

Dann machen Sie sich über seinen immer spärlicher werdenden Haarwuchs lustig, am besten in aller Öffentlichkeit: beim Essen mit Freunden oder auf einer Party. Wenn Sie dann noch erzählen, dass er eine halbe Stunde morgens vor dem Spiegel braucht, um seine noch verbliebenen Härchen mit Haarspray und Gel in Position zu bringen, sind Sie ihn für immer los!

»Wenn Frauen unergründlich erscheinen, dann liegt das am fehlenden Tiefgang der Männer.« Kathrin Hepburn

Haben Kerle ein Herz? Klar haben sie eins! Männer sind im Grunde sensible Kerlchen, die uns Frauen in Sachen Romantik in nichts nachstehen! Sie haben Schmetterlinge im Bauch, wenn sie verliebt sind, stylen sich mühevoll beim ersten Date, lieben es, im Nacken gekrault zu werden und weinen, wenn wir sie verlassen!

Das Problem: Männer verlernen im Laufe ihrer Entwicklung, Gefühle offen zu zeigen. Mit Einsetzen der Pubertät tarnen sie sich unter ihresgleichen als stahlharte Typen! Kaum haben unsere armen Kleinen ein paar Haare am Leckerchen, müssen sie bei ihren Kumpels den Macho spielen! Wer am derbsten über seinen neuen »Aufriss« prahlt (»Geil, meine Alte hat Titten, auf denen man 'ne Frühstücksplatte abstellen kann.«, »Na und? Meine kann mit ihrer Muschi ein Bierfass anzapfen.«), hat gewonnen. Tiefer gehend werden solche Grunz-Gespräche äußerst selten. Auf die Tatsache, dass wir Frauen sehr vornehm die intimsten Details unseres Sex- und Gefühlslebens mit unseren Freundinnen austauschen, reagieren die meisten Männer allerdings schrecklich geschockt. Kein Mann der Welt würde so etwas tun und zum Beispiel in Anwesenheit eines anderen Mannes einen erotischen Liebesbrief für seine Freundin verfassen! Die Langzeitfolgen des fehlenden emotionalen Beistands durch seine Kumpels äußern sich darin, dass ein Mann seine Gefühle unter einer soliden Permafrostschicht verbirgt.

Hier hilft nur eine wirkungsvolle Gegenmaßnahme: Bohren Sie sich durchs ewige Eis! Belohnen Sie jeden seiner romantischen Anflüge, jeden noch so kleinen verbalen Gefühlstalk **sofort** mit Sex! Das ist klassische Konditionierung – funktioniert wie beim

Hund! Bald werden die Emotionen nur so aus ihm heraussprudeln. Vor seinen Freunden darf er natürlich ruhig weiter den wilden Hengst spielen – zeigen Sie hier Toleranz und lassen Sie Ihr Schätzchen gewähren.

IM TIEFGESCHOSS – VON DER WAMPE BIS ZUM LECKERCHEN!

Der Bauch, das optische Zentrum beim Männlein, dient zur Fettablagerung, als Bierauffangstation und zur Verdauung. Manche Männer nutzen die Wampe auch, um sich ein flottes Waschbrett draufzutrainieren. Ansonsten erfüllt der männliche Bauch keinen weiteren Zweck. Das berühmte »Bauchgefühl« einer Frau als innere Instanz besitzt ein Mann schlichtweg nicht. Er entscheidet nur mit zwei Körperteilen:

Mit seinem Schwanz und mit seinem Schwanz!

Ach ja! Sein Pimmelchen ist der Fixstern im Universum. Das Ding, um das sich sein gesamtes Sonnensystem dreht! »Mann« kann damit Tolles tun: im Stehen pinkeln, mit seiner Größe prahlen, ein Weib begatten! Halleluja – das Teil ist heilig! Dieser kleine Wurmfortsatz ist das eigentliche männliche Denkzentrum. Nur in Ausnahmesituationen (kein Druck auf der Flöte!) fällt ein Mann bei seinen Angelegenheiten rationale Kopfentscheidungen: »Wenn ich heirate, spare ich dann Steuern?«

»Ich frage mich, wie Männer überhaupt ernst bleiben können. Sie haben dieses dünne, lange Ding an ihrem Körper hängen, das nach eigenem Willen rauf- und runtergeht. Wenn ich ein Mann wäre, würde ich mich ständig kaputtlachen.« Yoko Ono

Jeder ganz gewöhnliche Mann fühlt sich allein durch sein Gemächt mächtig und uns überlegen. Aber Mädels, nur keine Heldenverehrung oder falsche Furcht vor dem Würmchen! Obwohl Urvölker rund um die Welt dem Gott Phallus Denkmäler setzten und der gute alte Professor Freud sich die Mär vom Penisneid ausdachte, so hat spätestens die Erfindung des batteriebetriebenen Vibrators dem Kult um die »Goldene Keule« einen kräftigen Dämpfer verpasst. Mit diesem Wissen sollten wir den »legendären« Penis ganz rational als das betrachten, was er ist: der Steuerknüppel zum Lenken des Mannes und unser ganz persönlicher Joy-Stick!
Die männliche Schaltzentrale ist allerdings ein sehr sensibles Thema. Die Größe seines Prügels ist in seinem Leben von kolossaler Wichtigkeit. Nichts löst bei ihm größere Komplexe aus als eine im Vergleich zu anderen Artgenossen zu kurz gekommene Glied-Grundausstattung. Hier ein gut gezielter Tiefschlag – egal ob mit Knie oder spitzer Zunge – lässt selbst den stärksten Kerl jämmerlich zusammenfallen.

»'tschuldigung, aus Mitleid popp ich nicht!«
Eine gute Freundin beim Erblicken eines Winzlings.

Apropos Winzling, die Größe des Pimmelchens hat selbstverständlich extreme Auswirkungen auf den Charakter seines Besitzers!

Die Minis: < 14 cm

Bei den zu kurz Gekommenen gibt es zwei grundverschiedene Charaktere: Ein Teil der »under fourteens« wächst zu aufgeblasenen Arschlöchern heran, die ihre Umwelt permanent schikanieren, um den Peniskomplex zu kompensieren.
Die anderen sind echte Verwöhner und im Umgang mit Frauen sehr sensibel. Im Laufe der Jahre haben sich solche Minis eine Finger- und Zungenfertigkeit angeeignet, die die fehlenden Zentimeter auf

jeden Fall wettmachen kann. Außerdem haben sie ein vermindertes Interesse daran, sich quer durch die City zu poppen, da sie zu einer Frau erstmal Vertrauen brauchen, bevor sie blank ziehen. Minis diesen Charakters sind daher tendenziell beziehungstauglich und zumindest ansatzweise monogam.

Die Maxis: > 18 cm

Ein Mann mit einem großen Glockenspiel mag zwar befriedigend, kann aber auch schmerzhaft und in anderer Hinsicht nicht ganz unbedenklich sein! Wir wären naiv zu glauben, ein Long Dong würde seinen ganzen Stolz nur uns zeigen wollen! Sein Penis gibt ihm so viel Selbstbewusstsein, dass er möglichst viele Frauen an seinem Glück teilhaben lassen will! Genießen Sie den »Giganten«, so lange Sie können, aber seien Sie skeptisch, wenn Sie sich nach einer festen Bindung sehnen. Außerdem neigt ein »over eighteen« gerne auch zu der Einstellung, dass allein die Größe seines Mega-Magic-Sticks zum Verzaubern seiner Partnerin völlig auszureichen habe. Frauen, die also nicht unbedingt die »volle Dröhnung« brauchen, haben mit einem tendenziell kurz Gebauten langfristig gesehen oft den größeren Spaß.

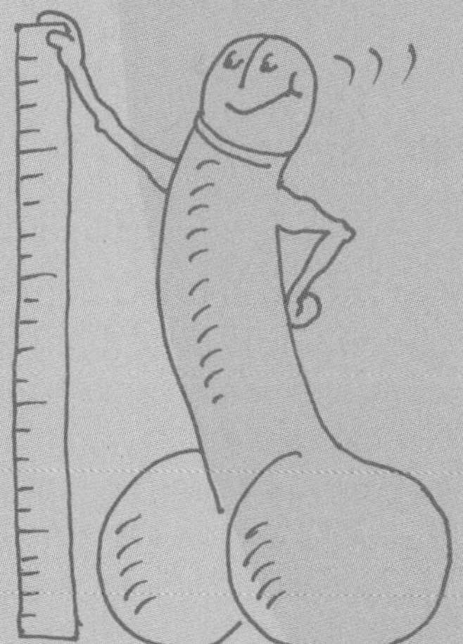

KLEINE BENUTZERTIPPS FÜR DAS KONSTRUKT »MANN«!

Männer!!! Wie traurig und leer wäre die Welt ohne sie! Die niedlichen Dinger können mit ihrem putzigen Gemüt unser Herz erwärmen, um uns dann Sekunden später den letzten Nerv zu rauben.
Es braucht Jahre, bis wir das Fingerspitzengefühl dafür entwickeln, welche Knöpfe wir drücken müssen, damit unser Schätzchen nach unserer Pfeife tanzt. Einige Perfektionistinnen unter uns sind dabei so erfolgreich, dass in ihren Beziehungen fast paradiesische Zustände herrschen. Soll heißen: SIE hat komplett die Hosen an, und ER hört auf Zuruf! Okay, ein bisschen eigener Wille darf dann doch noch sein!
Um jedoch einen halbwegs angenehmen Alltag mit unseren drolligen Kerlchen zu haben, kommen wir an der einen oder anderen Erziehungsmaßnahme nicht vorbei:

»Natürlich muss man die Männer nehmen, wie sie sind. Aber man darf sie nicht so sein lassen.« Zsa Zsa Gabor

WENN SIE VON IHM ... EIN ZÄRTLICHES VOR- ODER NACHSPIEL WOLLEN!

Das kennen wir doch alle: Gerade tobte noch ein wilder Stier über uns, und dann plötzlich – nach einem animalischen Brunftschrei und heftigen Zuckungen – schlummert er Sekunden später wie ein kleines Baby an unserer Brust. Zärtlichkeiten und sanfte Küsse als Belohnung für unsere Hüftakrobatik? Fehlanzeige! Die meisten Männer haben nach ihrem Orgasmus kein großes Interesse mehr an Schmusereien. Sie wollen nur noch eins:

EINSCHLAFEN!

Nehmen Sie's auf keinen Fall persönlich, sondern akzeptieren Sie es! Dieses unflätige Verhalten kann man einem Mann nicht abtrainieren, es ist genetisch bedingt. Wieso sich noch weiter abmühen? Die »Belohnung« hat für ihn ja schon »vorher« stattgefunden! Wer sich mit den fünf Rs – **R**auf, **R**ein, **R**ammeln, **R**aus, **R**unter – nicht abfinden will, muss gewieft reagieren! Beim Vorspiel ist die Macht noch mit uns:

Ohne Vorspiel keinen Sex!

So einfach ist das, basta! Denn wenn ein Mann richtig rollig ist, können wir ihn mühelos versklaven. Jetzt frisst er uns nicht nur aus der Hand, sondern massiert uns auch »gerne« die Füße und kümmert sich zur Abwechslung auch mal intensiv um ein Körperteil, das er eigentlich nur vom Hörensagen kennt: den Kitzler! Machen wir ihm notfalls vor, dass ein wenig Kille-Kille an diesem Lustpunkt wie ein »Sesam-öffne-dich« wirkt. Er wird es lieben! Er wird es schnell lernen! Schließlich hofft er, im Anschluss punkten zu dürfen. Bei dieser Strategie liegt es ganz alleine in Ihrem Ermessen, wie lange er Ihnen »zärtlich« dienen soll, bevor er wieder an die Schatztruhe darf.

»Beim Liebesspiel ist es wie beim Autofahren: Die Frauen bevorzugen die Umleitung, die Männer die Abkürzung.« Jeanne Moreau

WENN SIE IHN ... AUCH NOCH NACH DER ERSTEN NACHT SEXY FINDEN WOLLEN!

Einen Blick in seine ausgezogene Unterhose sollten Sie unbedingt vermeiden! Schlimmstenfalls wartet dort eine Bremsspur auf Sie, und Ihr Lustbarometer sinkt unter null. Falls Sie doch aus Versehen einen Blick darauf erhascht haben, so sollten Sie Folgendes bedenken: Er ist nicht unbedingt ein Ferkel, er hat es beim Popoabwischen schlichtweg nicht ganz so einfach wie wir! Viele Männer scheitern an dieser Aufgabe, weil eine dichte Behaarung es nicht zulässt! Hier müssen Sie anfangs Nachsicht üben.

Sollten Sie jedoch beschließen, das entsprechende Männlein auf Dauer zu halten, müssen feuchte WC-Tücher zur Pflichtausstattung werden, oder er muss Haare lassen! Falls er bockt, ein praktischer Tipp: Viele Männer mögen es sehr, wenn Sie bei der Intimrasur die Klinge schwingen. So könnte das Trimmen zum Sex-Happening werden. Es gibt doch keinen größeren Kitzel als die Gefahr!

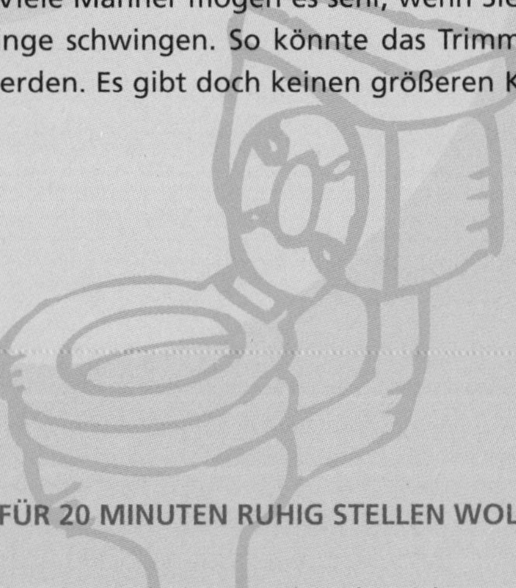

WENN SIE IHN ... FÜR 20 MINUTEN RUHIG STELLEN WOLLEN!

Sollte er mal wieder drängeln, quengeln oder sich gerade über Sie ganz schrecklich aufregen, dann schicken Sie Ihren Jungen einfach – statt auf die »stille Treppe« – aufs »stille Örtchen«:

Auf dem Klo den Playboy, eine Sport- oder Computerzeitung + Zigaretten + Feuerzeug an einer gut sichtbaren Stelle (Klodeckel, WC-Vorlage, Waschbecken) platzieren und abwarten! Hat ein Männlein trotz seines begrenzten Tunnelblicks die Lektüre und sein Friedenspfeifchen entdeckt, schnappt die Falle zu!

Für die meisten Männer gibt es nichts Heimeligeres, als in aller

Ruhe auf dem Klo zu sitzen, dabei genüsslich eine zu qualmen und die Sport Bild zu lesen. Sie sind ihn für mindestens zwanzig Minuten los, und er kommt gelöst wieder. Nach seiner Sitzung ist jeglicher Zorn verraucht, und er fühlt sich in seiner Höhle bei seinem Weibchen wieder pudelwohl.

WENN SIE IHM ... SCHLECHTE MANIEREN ABGEWÖHNEN WOLLEN!

Fühlen sich Männer ihres weiblichen Pendants zu sicher, erliegen sie der Selbstüberschätzung: Ihre anfangs guten Manieren werden fein säuberlich in die Mottenkiste gepackt! Dann lassen sie ungehemmt ihrem starken Drang nach Rülpsen oder noch unangenehmeren Winden freien Lauf. Für diese spezielle Gattung Mann ist solch ein Revierverhalten ganz natürlich, es bestärkt sie nur in dem Gefühl, ein gemütliches Zuhause mit einer netten Haushälterin gefunden zu haben.

Wenn Sie diese Unart nicht tolerieren wollen, müssen Sie sein respektloses Verhalten schnellstmöglich im Keim ersticken. Sollte er auf mehrmalige intensive Ermahnungen nicht reagieren, kontern Sie am besten nach der Methode »Auge um Auge, Zahn um Zahn«! Und das auf einem Level, bei dem unser Kerl nicht mehr mithalten kann. Nichts ekelt unsere Männer mehr als benutzte weibliche Hygieneartikel. Das müssen wir ausnutzen: Zusammengerollte Slipeinlagen verwende man wie Post-its – den Always-Ultra-Sticker prägnant an offen gelassene Klodeckel oder liegen gelassene Stinke-Socken kleben. Bei Rülps- und Pupsalarm hilft manchmal nur noch eine verbale Schocktherapie: »Noch einmal, und ich hau dir meinen OB um die Ohren!« Und schon haben Sie Ihren Mr. Knigge!

»Eine Frau tut, was der Mann will,
sobald er verlangt, was sie wünscht!« Elizabeth Taylor

Männer können und wollen im Gegensatz zu uns Mädels immer und am liebsten sofort. Das Foto eines nackten Playmates reicht meist schon völlig aus, um aus einem gerade noch braven Familienpapa ein läufiges Hündchen mit wild wedelndem Schwänzchen zu machen. Dieses Verhalten kann unter Umständen für uns von Vorteil sein, zum Beispiel während der fruchtbaren Tage, wenn wir »ausnahmsweise« mal Lust auf einen Quicky verspüren. Die meiste Zeit jedoch nervt uns die Unruhe unserer Kerle und deren mehr als offensichtliches Bedürfnis, jedes halbwegs attraktive Weibchen sofort begatten zu wollen!

Ich muss Ihnen in diesem Zusammenhang ein wirklich intimes Geständnis machen! Ich, Sonya Kraus, bekenne hier und jetzt öffentlich: Vor drei Jahren kastrierte ich einen Kerl! Packen Sie die Lesebrille weg! Ich habe es wirklich getan, und ehrlich gesagt bereue ich bis heute nicht, dass die größte Liebe meines Lebens wegen mir seine Hoden verlor. Klingt banal, endete brutal, war aber berechtigt! Ich erwischte ihn in flagranti, als er ein fremdes Weibsstück beglückte!

Dabei hätte der Anfang unserer Beziehung romantischer nicht sein können. Sein Name: Romeo! Mit ihm war es – nennen Sie mich getrost die Kitsch-Königin – Liebe auf den ersten Blick. Romeo war ein Adonis – ein Grieche aus Korfu! Ich lernte ihn im Urlaub kennen. Er war jung, extrem groß, muskulös, dunkelhaarig und wild. Sein besonderes körperliches Merkmal: Er hatte den schönsten Schwanz, den ich je gesehen habe! Am Strand verfiel fast jede Frau bei seinem Anblick in tiefstes Entzücken. Was mich an Romeo aber am meisten reizte, war seine wilde, animalische Ausstrahlung. Mir war klar, dass ich Korfu nicht ohne ihn verlassen konnte, zumal er gerade ohne feste Bindung war. Nach zehn Tagen und Nächten, die wir nonstop und voller Zärtlichkeiten gemeinsam verbracht hatten, fiel es mir nicht schwer, ihn davon

zu überzeugen, mit mir nach Frankfurt zu kommen. Immerhin besaß ich schon damals ein Häuschen und verdiente so viel Geld, dass ich Romeo eventuell mit ernähren konnte. Tja, Romeo, der Name allein hätte mich schon warnen sollen ... Wenn er könnte – er würde mich für das, was ich ihm aus Rache dann in Deutschland angetan habe, mit Sicherheit auf der Stelle erwürgen!
Aber fangen wir doch am besten bei dem Zeitpunkt an, an dem das Drama zwischen uns beiden begann, und zwar am 8. Dezember 2002 im Frankfurter Stadtpark:

OUTING-ANEKDOTE:

»WARUM ICH EINEN KERL KASTRIERTE!«

An diesem verhängnisvollen Tag nutzten mein Schatz Romeo, meine Freundin Steffi und ich einen herrlichen Winterabend für einen kurzen Spaziergang. Romeo war ein echter Freiluftfanatiker und eines der wenigen männlichen Wesen, das keine Probleme mit meinen taffen Mädels hatte, obwohl er ein Bilderbuch-Macho war! Wo er aufkreuzte, musste er seine Männlichkeit demonstrieren, insbesondere, wenn weibliche Wesen in der Nähe waren. Klarer gesagt: Romeo hatte unglaublich schlechte Manieren, für die er sich aber nicht im Geringsten schämte!
Auch an jenem Abend zog er es vor, sich wie ein Rüpel aufzuführen. Ohne sich bei Steffi und mir abzumelden, eilte er urplötzlich einige Meter quer durch die Parkanlage und pinkelte, wie es eben so seine Art war, erst einmal frei von der Leber weg ins nächste Gebüsch! Widerlich!

Steffi lachte herzhaft: »Der muss wohl überall sein Revier abstecken, was?«
Mit kritischem Blick verfolgte ich Romeos Gebaren: »Also, wenn der jetzt gleich noch auf den Spielplatz kackt, trenne ich mich endgültig von ihm!«
Zu spät! Romeo drehte sich dreimal im Kreis und verrichtete dann in aller Seelenruhe sein Geschäft. Gut, diesen Sandkasten sollte man dann wohl besser für die nächsten Tage sperren.
»Pfui Romeo! Aus!« Himmel! Mein Köter war definitiv der ungezogenste Hund jenseits von Rödelheim! Romeo interpretierte mein wütendes Zischen sofort richtig und spurtete mit einem Affenzahn los. Na super, so viel zum Thema: Ich spare mir die Hundeschule. Der Haufen musste erst einmal bleiben, wo er war – es galt, einen wild gewordenen Riesen-Doggen-Dobermann-Mischling einzufangen, bevor er noch die ganze Stadt »markierte«.
»Gott sei Dank trage ich heute meinen Sport-BH.« Steffi schnaufte, ihre Brüste wippten, ich fluchte, und Romeo verschwand hinter einer Hecke. Nach zehn Minuten und mit einem geschätzten Puls von 280 hatten wir ihn dann endlich eingeholt. Er schnüffelte unschuldig an einem Grashalm und war vom Kopf bis zum Hintern mit einer undefinierbaren Dreckschicht eingesaut. Ich keuchte in seine Richtung: »Romeo, kommst du her!« Mit drohender Kreislaufattacke autoritär zu klingen, war gar nicht so einfach.
Freudiges Schwanzwedeln und ein Blick, der sagen wollte: »Da bist du ja endlich, du lahmes Stück.« Dann wendete er sich wieder hingebungsvoll dem Grashalm zu.
»Wir müssen ihn unauffällig einkreisen«, flüsterte ich Steffi verschwörerisch zu, die mich wie ein atemloses Fragezeichen anblickte.
»Wie willst du das denn bitte anstellen?«
Die Antwort erübrigte sich, denn offenbar hatte Romeo in dieser

Sekunde ein ahnungsloses Hündchen erspäht, dessen Hinterteil er dringend beschnüffeln wollte. Mit einem riesigen Satz und wehenden Ohren galoppierte er davon.

»Der landet noch heute Abend filetiert in der Mikrowelle!« Ich blickte Steffi entschuldigend an. Sie seufzte, und wir setzten unsere Verfolgungsjagd durch den Stadtpark fort. Diesmal wurde es nur ein kurzer Sprint, denn tumultartige Geräusche lotsten uns zielsicher zu dem Ort, an dem wir nach ihm suchen mussten. Ein wütendes »Verschwinde, du Töle!« ließ mich ahnen, dass es jetzt gleich so richtig schön peinlich werden würde. Wahrscheinlich hatte Romeo irgendeinen tattrigen Senioren angesprungen, um ihm großzügig etwas von seiner Dreckschicht abzugeben!

Es war schlimmer! Als wir um die Ecke kamen, sah ich zuerst einmal nur Romeo, der plötzlich noch viel größer aussah als sonst. Hätte ich nicht dieses Quieken gehört, wäre mir der Hund UNTER Romeo gar nicht aufgefallen: eine zierliche Cockerspaniel-Hündin, die unter Romeos Last fast zusammenbrach und Hilfe suchend ihr Herrchen anschielte.

Steffi kniff irritiert die Augen zusammen: »Was zum Teufel macht er da?«

»Steffi, halt den Mund! Dumme Frage, was wird er da schon machen!« Er vögelt eine verzweifelte Hündin. Nimmt ein Cockerspaniel-Weibchen von hinten durch. Nagelt das arme Vieh quer durch das Kamasutra. Besorgt es ihr im Doggy-Style. Vornehm formuliert: »Ich befürchte, er befruchtet gerade …«

»PEARL hierher! WEG, DU MISTVIEH!«

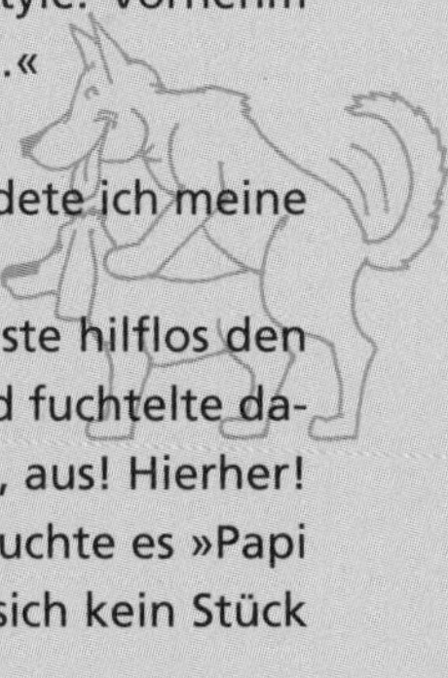

»Ich befürchte, er befruchtet gerade Pearl«, beendete ich meine Analyse des Geschehens.

Ein dunkelhaariger Mann mittleren Alters umkreiste hilflos den rammelnden Romeo und seine neue Gespielin und fuchtelte dabei hysterisch mit seinen dünnen Ärmchen: »Pearl, aus! Hierher! Papi gibt dir auch ein Leckerchen!« Offenbar versuchte es »Papi Pearl« jetzt mit Bestechung. Romeo interessierte sich kein Stück

für seinen Zuschauer und juckelte im Swinger-Style fröhlich weiter.
»Oje! Das passiert also, wenn mein Hund an Samenstau leidet!« Irgendwie hatte ich ein schlechtes Gewissen – Romeo war schließlich auch nur ein Mann! Mit seinen drei Hundejahren war er in Menschenjahre umgerechnet 21, und das war gerade sein erstes Mal! Wie oft hatte er in seiner Verzweiflung schon meine Freundinnen angesprungen und erfolglos versucht, deren Knie zu durchlöchern? Ich hätte es kommen sehen müssen ...
Keine Zeit für Mitleid! Pearls Hundepapi hatte mich erblickt! Er war puterrot im Gesicht und blaffte mir mit überschlagender Stimme entgegen: »Ist das Ihrer? Nehmen Sie Ihren Drecksköter sofort da weg!« Er deutete auf Romeo, der immer mehr Gefallen an seiner neu entdeckten Leidenschaft fand und jetzt erst so richtig loslegte.
Nehmen Sie ihn da weg? Was war das denn für eine dämliche Idee? Ich konnte doch unmöglich die Pimper-Premiere meines Hundes unterbrechen! Und selbst wenn ich wollte – WIE sollte das gehen?
»Keine Ahnung, wie ich das anstellen soll!« Ich zuckte mit den Schultern. »Wie wär's, wir lassen den beiden ihren Spaß?«
Papi Pearl explodierte beinahe vor Wut. »Also erstens macht es Pearl keinen Spaß! Zweitens ist Pearl läufig! Und drittens: Sie hat einen 1-a-Stammbaum! Pearl Patricia von der Silberau wird garantiert nicht von diesem Monster da schwanger! Also nehmen Sie jetzt endlich diesen ... Gaul von ihr runter!«
Jetzt hatte er mich bei meiner Hunde-Mutter-Ehre gepackt: »Also erstens: Das ist ein Couture-Hund made in Greece! Den gibt's nur einmal. Ein so genannter Dodola! Ein Dogge-Dobermann-Labrador-Mischling! Zweitens kann ich nichts dafür, dass Ihre Hündin hier menstruierend mit dem Hintern rumwackelt, und drittens ist Romeo ...«
»... gekommen!« Steffi brachte es auf den Punkt!

Tatsächlich! Romeo war fertig. Er versuchte gerade, hechelnd von Pearls Rücken zu klettern und sah mich dabei Beifall heischend an. Sein zufriedener Gesichtsausdruck wich völliger Verblüffung, als er bemerkte, dass das gar nicht so einfach war. Er hing fest! So was nannte man dann wohl Venus-Falle oder noch besser: Vagina-Falle! Schni schna schnappi, schnappi, schnappi, schnapp ...
Für Nicht-Hunde-Kenner: Nach dem Geschlechtsakt hängen Hunde noch minutenlang aneinander. Das Weibchen hat einen Scheidenkrampf, und das Männchen kann sich erst dann befreien, wenn der Hundepipimatz abgeschwollen ist. (Da können Männer mal sehen, was die Natur ihnen alles erspart hat. Von wegen umdrehen und einschlafen nach dem Sex ...) Romeo war über diesen »verzwickten« Zustand jedenfalls mindestens genauso unglücklich wie ich. Peinlicher ging's ja schon nicht mehr.
Pearls Besitzer fluchte: »Scheiße, scheiße, scheiße! So ein Mist!« Er kramte fluchend sein Handy aus der Tasche.
Steffi blickte ihn kritisch an: »Wen wollen Sie denn anrufen? Die Feuerwehr oder das THW?«
Papi Pearl ließ frustriert die Hand mit dem Handy sinken und blickte resigniert zu seiner Hündin herunter. Pearl stand ein wenig verwundert in der Gegend herum, und der in ihr fest gestöpselte Romeo vertilgte schmatzend einen Zigarettenstummel, den er am Boden gefunden hatte. Dann entdeckte seine Nase eine weitere Delikatesse: ein lila glänzendes Bonbonpapier. Er machte einen gierigen Satz nach vorne, und Pearl machte Plop! Sie war frei! Mit einem erschrockenen Hüpfer nutzte Pearl die neu gewonnene Freiheit, und Romeo verschlang mit einem Haps das Bonbonpapier. Papi Pearl schnappte sich die Cockerspaniel-Hündin und hob sie mit einem ängstlichen Ruck hoch. Scheinbar befürchtete er, sein geliebtes Schnuckelchen könnte Romeos Nachspeise werden.
»Na, dann, Glückwunsch – Sie werdender Hunde-Opi!«, versuchte ich die Stimmung aufzupeppen! Hoppla! Der hatte gesessen.

Mit einem letzten wütenden Blick drehte sich Opi Pearl zu mir um und entschwand dann, sein Hündchen unterm Arm, in der hereinbrechenden Dunkelheit. Romeo sah den beiden nach und wedelte zum Abschied wie verrückt mit dem Schwanz!

»Also den sehen wir nie wieder«, meinte Steffi und konnte sich nur schwer das Lachen verkneifen.

»Ich wette, Pearl kriegt jetzt erstmal die Pille danach«, entgegnete ich prustend.

»Genau – und jetzt wissen wir auch, warum es Pearl-Index heißt!«

Happy End?

Ob Pearl wirklich kleine Romeos auf die Welt brachte oder sofort zu Pro Familia geschleppt wurde, ließ sich leider nicht recherchieren. Fest steht aber, dass ich Romeos wilder Leidenschaft ein Ende bereitete. Zwei Tage später landete er unter dem Messer von Tierveterinär Dr. Smith, und seine Klöten wanderten in ein Einmachglas. Das war übrigens nicht meine Idee, sondern die meiner Mutter! Auch wenn Sie Mami Kraus ab jetzt für pervers halten: Sie nahm Romeos »Eier im Glas« tatsächlich mit nach Hause! Am selben Abend fand mein menschlicher Liebling Sami ein ganz besonderes Betthupferl auf seinem Kopfkissen: Romeos Eierbecher garniert mit einem Liebesbrief meiner Mama:

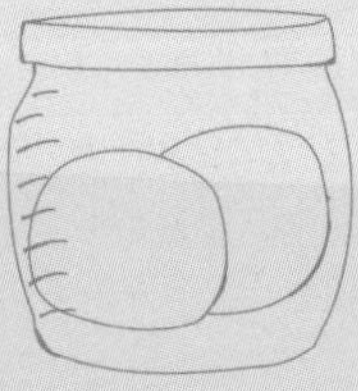

Lieber Sami!

Sei schön brav und benimm dich. Es könnte dir sonst ähnlich ergehen!

Küsschen, deine Schwiegermami!

Sami ist seither fast so brav wie Romeo, mit dem es sich seit dem kleinen Eingriff entschieden gemütlicher lebt! Und da wir gerade von meinen beiden Männern sprechen: Auch wenn Hunde und unsere Jungs wirklich viel gemeinsam haben, eines dürfen Sie niemals mit einem Mann machen: ihm seine Eier nehmen! Wenn Sie mit einem Mann eine dauerhaft glückliche Beziehung führen wollen, lassen Sie ihm immer seine Würde und seinen Stolz! Natürlich wissen wir Weiber, dass wir ihn jederzeit »kastrieren« könnten – aber damit sollten wir so lange warten, bis wir ihn »absägen« wollen. Dies ist die wohl wichtigste Regel aus der Betriebsanleitung für das »Bauwerk Mann«.

»Niemand ist den Frauen gegenüber herablassender als ein Mann, der sich seiner Männlichkeit nicht ganz sicher ist.«

Simone de Beauvoir

Wenn Sie an dieser Stelle des Buches allen Ernstes noch immer einen Mann wollen – Hut ab! Sie sollten unbedingt weiterlesen! Wenn nicht – vielleicht schreibt Hella von Sinnen auch bald ein Buch ...

DAS MERKWÜRDIGE VERHALTEN GESCHLECHTSREIFER FRAUEN ZUR PAARUNGSZEIT!

So viel steht also fest: Eigentlich müssten wir Frauen Männer ziemlich unsexy finden. Denn genau *die* Eigenschaften, die wir generell lieben (Sinn für Romantik, Einfühlungsvermögen oder Lust auf ausgedehntes Schuh-Shopping) besitzen Männer schlicht und ergreifend nicht. Mütterchen Natur musste sich also was einfallen lassen, um den Fortbestand der menschlichen Rasse zu sichern: Sie verpasste uns Frauen die berühmt berüchtigte **rosarote Brille**, die immer dann zum Einsatz kommt, wenn wir frisch verliebt sind. Rein biologisch betrachtet reden wir hier von einem massiven Endorphin- und Hormonüberschuss! Dieser Östrogen-Samba sorgt für eine kurzfristige Irritation des weiblichen Stammhirns. Bei akuter Verliebtheit büßen wir zirka 60 Prozent unseres Urteilsvermögens und der uns angeborenen Souveränität ein. Ist der Angebetete anwesend, können Sie getrost noch mal 20 Prozent draufhauen! Die Folge: Verliebte Frauen benehmen sich absolut merkwürdig! Wenn Mann wüsste, wie sich eine **HVF** (HOCHGRADIG VERKNALLTE FRAU) in seiner Abwesenheit aufführt, wäre er wahrscheinlich schneller schwul, als seine Spermien schwimmen können!

DIE SYMPTOME EINER HVF – ODER WIE BEKLOPPT KANN MAN EIGENTLICH SEIN?

Eine sich im Liebestaumel befindende Frau zeigt starke Verhaltensauffälligkeiten, deren Intensität vom Grad der Verliebtheit abhängen:

- **S**ie grinst bei der bloßen Erwähnung seines Namens von hier bis Nowosibirsk und wird bei einer Polizeikontrolle sofort auf Drogenkonsum überprüft!
- **S**ie ist urplötzlich sehr bescheiden: Ein kleiner Briefumschlag auf ihrem Handy-Display (Endlich!!! Eine SMS von IHM!) macht sie glücklicher als ein neues Paar Schuhe!
- **S**ie wird bei der Frage, warum er sich NICHT meldet, übermenschlich erfinderisch: Von »Meine SMS kam nicht an« über »Er hat ausgerechnet gestern sein Handy verloren« bis »Die Russenmafia hat ihm beide Hände abgehackt, und er kann jetzt ganz schlecht telefonieren« ist alles möglich!
- **S**ie verbannt das Wort »Stolz« für unbestimmte Zeit aus ihrem Grundwortschatz, und wenn sie ihn zum zehnten Mal anruft, findet sie sich wahnsinnig emanzipiert!
- **S**ie hat eine temporär gestörte optische Sinneswahrnehmung: Fettpölsterchen und Dellen jeglicher Art am eigenen Körper nimmt sie um das mehrfach Vergrößerte wahr, während das Objekt ihrer Begierde vom »Durchschnittstypen« zur »Super-Schnitte« mutiert.

Wie peinlich wir Weiber uns im XY-Chromosomen-Wahn wirklich verhalten, entnehmen Sie bitte meinem nachfolgenden, schockierenden Tatsachenbericht: Ich war zarte 18, hielt mich für extrem »hip« und war unsterblich in einen Typen namens Tom verknallt. Ich wollte ihn mit Leib und Seele haben, unbedingt! Egal, was es kostete!

OUTING-ANEKDOTE:

»MEIN PEINLICHSTES DATE!«

Tut, Tut, Tut ... Wie zur Hölle war ich auf die bekloppte Idee gekommen, Toms Nummer zu wählen??? Am besten schnell wieder auflegen ...

»Hi, Tom hier, wer dran?«
Mist. Zu spät! »Äh. Hallo! Ich bin's!«
»Wer ist ich?«
Berechtigte Frage. Was bitte hatte ich erwartet? Dass er mich beim ersten Wort, das ich ins Telefon flöte, an der Stimme erkennt?
»Äh. Ich, die Sonya. Wir haben uns vorgestern kennen gelernt!«
»Sonya ... Ach ja! Nett, dass du dich meldest. Wie geht's?«
NETT, dass ich mich meldete? Alles klar, das war ja dann wohl das Todesurteil. Egal! Ich beschloss, mich erstmal nicht aus dem Konzept bringen zu lassen.
»Mir geht's gut, und selbst?« Tataaa, Fanfare! Herzlichen Glückwunsch zum dämlichsten Dialog des Jahrzehnts! Ich konnte dem Himmel danken, dass ER nicht sofort wieder auflegte. Tat er auch nicht. Stattdessen antwortete mir seine tiefe, unwiderstehlich heldenhafte Stimme lässig: »Och, bei mir läuft's super. Was treibst du so?«

Ja, was trieb ich denn so? Herrgott noch mal, wieso hatte ich mich nicht ein bisschen besser auf dieses Gespräch vorbereitet? Ob ich auf die Schnelle ein spektakuläres Hobby erfinden sollte? So was wie: »Du, ich komme gerade von meinem Extremkletterkurs. Ist ganz o.k. dieses Klettern, nur auf Dauer ein wenig langweilig. Ich fühle mich von diesem Leben einfach permanent unterfordert.« Hm ... vielleicht eine Spur zu dick aufgetragen.

I'm in love!

Ich konnte es natürlich auch einfach mit der Wahrheit versuchen: »Ich denke seit grob geschätzten 48 Stunden ausschließlich an dich und deine wunderschönen eisgrauen Augen und hasse mich in genau dieser Sekunde dafür, dass ICH DICH anrufe und mich zum Volldeppen mache.« Nein, die Wahrheit war wohl doch nicht so angebracht.

Ich hörte mich sagen: »Na ja, im Moment telefoniere ich gerade mit einem echt sexy Typen ...« Ha! Na bitte! Ging doch! Unter Druck war man halt doch am kreativsten. Also, wenn er mich nach diesem geistreichen Anflug spontaner Brillanz nicht vom Fleck weg heiraten wollte, war ihm echt nicht mehr zu helfen.

Er lachte: »Danke für die Blumen. Also, ich hab' gerade einen echten Gewaltmarsch durch die City hinter mir. Hab Karten für die Lions geholt. Morgen ist Finale.«

Die Lions? Karten? Finale? Warum gingen Männer immer davon aus, dass man sich in ihrer merkwürdigen kleinen Welt sofort zurechtfand und ihre rätselhaften Kurzinfos auf Anhieb entschlüsseln konnte?

Er schien die Pause richtig zu deuten und klärte mich auf: »Das Eishockeyspiel.«

Ich liebe Eishockey!

»Eishockey ...« Ich sprach das Wort aus wie ein Neandertaler, der das erste Mal in seinem Leben mehr als nur Grunzlaute über die Lippen bringt. Dann fing ich mich wieder: »Ich liebe Eishockey!« Hä?! Hatte ich das gerade gesagt?! Und vor allem: WAS hatte ich da gerade gesagt? Ich liebte Eishockey nicht, ich mochte es noch nicht mal, Eishockey war mir einfach SCHNURZ!

»Wirklich?« Er klang (zu Recht!) erstaunt. »Das ist ja 'n Ding. Hätte ich gar nicht gedacht. Haste Lust mitzukommen? Also, eine Karte kriegen wir für dich schon noch aufgetrieben!«

In dieser Sekunde liebte ich Eishockey tatsächlich! Ich wette, meine Stimme überschlug sich zu allem Übel vor Freude, als ich ins Telefon jauchzte: »Ja, super! Morgen hab ich noch nichts vor. Wann und wo?«

Er überlegte kurz. »Lass uns einfach am Stadion treffen. 16 Uhr geht's los, also würde ich mal vorschlagen, so um halb am Eingang.«

»Alles klar, ich freu' mich, bis morgen dann!« *Klick.* Ich legte schweißgebadet auf. Ahhhh! Das Ende unseres Gesprächs war überhaupt nicht gegangen! Wie uninteressant war bitte eine Frau, die am Samstag noch nichts für Sonntag geplant hat? Und dieses dämliche »Ich freu' mich«! Da hatte ja Toms Großtante mit Sicherheit bessere Sprüche drauf. Andererseits – ich beschloss, das Gespräch ein wenig konstruktiver zu bewerten – ich hatte jetzt immerhin ein Date! Mit Tom! Beim Eishockey. War ja unterm Strich gar nicht mal sooo schlecht gelaufen. Ach du Schreck! EISHOCKEY??? HILFE! Ich hatte genau 24 Stunden Zeit, um mich über diese alberne Sportart zu informieren …

Too hot fürs Eis?

22,5 Stunden später war ich in der Tat bestens vorbereitet. Damit meine ich allerdings nicht mein neu gewonnenes Wissen über Eishockey. Nachdem ich geschlagene drei Stunden vergeblich versucht hatte, den Lions-Fanclub für einen Info-Crashkurs an die Strippe zu bekommen, war klar: Etwas ganz anderes hatte jetzt oberste Priorität – mein Outfit! Und das hielt ich in meiner postpubertären Geschmacklosigkeit für »grandios«.

Ich trug einen pinkfarbenen Minirock, den meine Mutter zweifellos für einen Gürtel gehalten hätte, und ein an Peinlichkeit

nicht zu übertreffendes weißes Top. Zum damaligen Zeitpunkt fand ich es natürlich nicht peinlich, sondern perfekt! Aber die Garnitur darunter toppte alles: ein heißes Spitzenhöschen in schwarz. Hatte ich in letzter Sekunde von meiner besten Freundin Alexia geborgt, die bereits die ein oder andere »Probefahrt« mit dem Teil hinter sich hatte. Nicht, dass ich davon ausging, es Tom auch tatsächlich vorzuführen, aber sicher war sicher! Man konnte schließlich nie wissen ... Und da ich schon mal dabei war, den Unterboden meines Fahrgestells aufzurüsten, passte eine Intimrasur auch nicht schlecht ins Konzept. Als Finish wählte ich ein schickes Jeans-Jäckchen, auf das selbst Madonna neidisch gewesen wäre. Kurz, ich fühlte mich unwiderstehlich! Geschissen aufs Eishockey-Wissen. Wer wollte schon ernsthaft in Erfahrung bringen, was es mit diesem Sport auf sich hatte. Ich wusste, dass das schwarze kleine Ding, dem alle hysterisch hinterherjagten, Puck hieß, und das musste fürs Erste genügen.
Es war 15:05, das Stadion lag mit seiner beeindruckenden Front direkt vor meiner Nase, und bis auf die Tatsache, dass ich eine halbe Stunde zu früh dran war, lief alles wie geschmiert. Die Vögel zwitscherten, mein Herz schlug Purzelbäume, und mein Magen knurrte so laut, als wolle er sich gerade selbst verdauen. Selbstverständlich hatte ich die letzten 22,5 Stunden nichts gegessen. Radikaldiät, um mich in diesen verdammten pinkfarbenen Stofffetzen zu zwängen. Aber was soll's, man musste eben manchmal Opfer bringen. 35 Minuten und zwölf Schwindelattacken wegen akuten Kohlenhydratmangels später stand er endlich vor mir: Der Mann meiner schlaflosen und sexphantasievollen Nächte: TOM!

Mein Wikinger-Prinz!

Er kam mit dem coolsten Gang der Welt und dem strahlendsten Grinsen dieses Planeten auf mich zu. Seine dunkelblonden dichten Haare fielen ihm ungezähmt ins markante Gesicht. Er trug definitiv den bestgestylten »Out-of-Bed-Look« des zwanzigsten Jahrhunderts. Er sah aus wie eine Mischung aus Märchenprinz und Wikinger. Und dann dieser Blick, der mich von oben bis unten musterte. Der war … er war … ja, wie war dieser Blick? War das Irritation in seinen Augen? Quatsch! Ich wertete ihn einfach mal als grenzenlose Bewunderung für mein gelungenes Outfit und lächelte ihm entgegen: »Hi Tom!«

Er küsste mich auf die Wange. »Hey Sonya! Wartest du schon lange?«

»Ich? Nein, wieso? Ich bin gerade erst gekommen …« Was für ein peinlicher Anfängerfehler! Hatte ich in den letzten fünf Jahren meines Daseins als männermordender Vamp denn gar nichts gelernt? Warum war ich nicht achtzigmal um den Block gekreist oder hatte mich so lange hinter einem Busch verschanzt, bis er als vermeintlich Erster zu unserem Date eintraf? Nein, ich dusselige Kuh stand hier wie festgewachsen rum und hatte mittlerweile wahrscheinlich »Auf dich warte ich auch bis in alle Ewigkeit« auf der Stirn stehen.

Er zückte triumphierend zwei Karten: »Na dann! Auf ins Getümmel! Ich bin so was von heiß auf dieses Spiel!« Ich sagte vorsichtshalber mal nichts dazu und versuchte stattdessen möglichst sexy auszusehen. Wir kämpften uns in einer endlosen Schlange durch die Sicherheitskontrollen und Drehtüren. Ich fand, dass diese Situation schon etwas sehr Vertrautes an sich hatte. TOM und ich – wir gemeinsam gegen den Rest der rüpelnden Eishockeyfans. Gott, war das bitte romantisch? Und wie er mich zielsicher zu unseren Plätzen führte! Fast rechnete ich damit, dass er mich mit seinen starken Armen hochheben, über die Schwelle des Tribüneneingangs heben würde und …

»Ach, wie geil! Da sind ja schon die anderen!« Tom winkte aufgeregt mit den Armen. Die anderen? Welche anderen? Und was war an anderen bitte »geil«??? Ich sah mich verwirrt um und blickte in drei skeptisch dreinblickende Augenpaare.

Let's be friends!

»Leute, das ist Sonya! Sonya, das sind Daniel, Matthias und Miri!«

Hatte ich irgendwas nicht mitgekriegt? Daniel und Matthias? Gut, das machte noch irgendwie Sinn, aber wer zur Hölle war Miri? Und wieso war Miri ungefähr drei Meter groß, trug eine dicke Daunenjacke und sah mich an, als wäre ich eine pink gekleidete Kanalratte? Und überhaupt! Was war mit meinem romantischen Zweier-Date?

»Miri spielt auch Eishockey!« Tom klang irgendwie stolz, als er das sagte. Ob Miri seine Ex war? Nein, das konnte nicht sein! Wahrscheinlich war Miri eine wahnsinnige Stalkerin, die Tom durch ganz Frankfurt bis hierher verfolgt hatte. Natürlich musste er aus Rücksicht auf ihre zerbrechliche Psyche höflich und charmant bleiben.

Miri, die Stalkerin, streckte mir ihre riesige Pranke entgegen: »Tach!« Sie schnalzte laut mit ihrem Kaugummi und ließ sich dann auf ihren Sitzplatz plumpsen. Matthias und Daniel betrachteten mich mit ihren gierigen Röntgenblicken, grinsten bis zum Spielfeldrand und sagten fast gleichzeitig »Hi!«. Na, großartig! Egal, Tom war ja da. Mein Held in dieser grausigen, von Prolls und Stalkerinnen besiedelten Welt.

Der Held sagte: »Ich geh dann mal was zum Tanken holen!« Tom deutete auf den Bierausschank. »Fünf Bier?« Matthias, Daniel und Miri nickten einträchtig. Am liebsten hätte ich mich an Toms Wade gekrallt, um ihn von seiner irren Idee abzuhalten, mich hier mit diesen Idioten alleine zu lassen. Aber ich hielt es für klüger, mich weiter souverän zu verhalten, und blieb sitzen.

Tom hob fragend die Brauen: »Was ist mit dir, Sonya? Auch ein Bier?«

Ich dachte tatsächlich kurzzeitig darüber nach, lieber einen Prosecco zu bestellen, beschloss dann aber, dass dies wohl jetzt nicht der richtige Zeitpunkt für Prosecco war. Während Tom in der

Menge verschwand, schwand meine Tapferkeit. Um es auf den Punkt zu bringen: Ich tat mir zwischen Matthias, Daniel und der Stalkerin unglaublich leid. Tom hatte mich mit diesen definitiv feindlich gesinnten Vollprolls einfach so alleine gelassen. Um Alkohol zu besorgen! Ihm war Bier also wichtiger als ich. Na schön, gut zu wissen!

Matthias grinste mich vertraulich von der Seite an. In meiner Faust begann es zu kribbeln. Ich fragte mich, ob ein gezielter Schlag auf sein Nasenbein einen noch dämlicheren Gesichtsausdruck zur Folge hätte.

Bitte zweimal Eisbein mit Kraut!

Zunächst gab es aber wichtigere Fragen zu klären. Zum Beispiel: Wie viel Grad herrschten in diesem verdammten Eiskeller? Oder besser: MINUS wie viel Grad? Und warum konnte man so ein Stadion nicht besser heizen? Und wie lange dauerte es eigentlich, bis einem Menschen die Gliedmaßen abfroren? Ich blickte auf meine Pumps und versuchte einen Zeh zu bewegen. Oh! Taub. Oder bereits abgefallen? Meinen Beinen ging es auch nicht gerade besser. Sie bitzelten wie bei einer Radikal-Akupunktur und waren gerade im Begriff, die Farbe zu wechseln. In ein dezentes Blau. Konnte nicht mehr lange dauern, bis erste Frostbeulen wucherten. Und dann dieser eisige Luftzug zwischen meinen Schenkeln. Ich wollte gar nicht wissen, wie viele Eiszapfen sich bereits an meinen empfindlichsten Körperteilen gebildet hatten. Insgeheim konnte ich schon die Schlagzeile in der Bild lesen: »Schülerin erfroren im Eisstadion – ihr Minirock war ihr Todesurteil«.

Während ich zur Eissäule erstarrt auf meine Oberschenkel glotzte, reichte mir plötzlich eine braungebrannte Hand die Rettung ins Blickfeld: einen halben Liter Bier im Hartplastikbecher. Dem Himmel sei Dank! Alkohol ist die Lösung beim Frieren, das weiß die Menschheit spätestens seit der Erfindung des Karnevals. Ich blickte dem Besitzer der Bier reichenden Hand ins Gesicht. Tom

sah doch tatsächlich besorgt aus: »Ist dir kalt? Du bist aber auch verdammt kühl angezogen ...«
Danke für diesen wichtigen Hinweis. Von alleine wäre ich da ja auch nie drauf gekommen. Ich sagte dazu nichts, weil ich
a) jetzt keine passende Rechtfertigung für meinen Happy-Summer-Look parat hatte und
b) vor lauter Zähneklappern sowieso nichts sagen konnte.

Hau weg die Scheiße!
Also exte ich erst einmal den halben Liter Bier weg. Das Zeug würde meinen schockgefrosteten Kreislauf schon wieder in Schwung bringen. Toms besorgter Gesichtsausdruck wich völliger Verblüffung: »Respekt! Du trinkst ja wie 'ne Große!«
Mir war auf einmal sehr schwindelig. Saufen ohne Grundlage, keine gute Idee!
»Dankeeuülps!« Ups! War mir da gerade ein Rülpser entfleucht? Wahnsinn! Wie schnell ich es geschafft hatte, mich dem Niveau meiner Umgebung anzupassen! Matthias und Daniel hoben den Daumen an die Stirn und blökten zeitgleich: »Schuuulz«. Tom lachte herzhaft und klopfte mir brüderlich auf die Schulter! Genau! Ich war eben eine Frau zum Pferdestehlen, Biertrinken und Eishockey-Gucken. Ein echter Kumpeltyp. Sieg auf ganzer Linie!
Ich beschloss, dass es Zeit war, den einzigen Ort aufzusuchen, an dem man sich in diesem verdammten Eishockeystadion noch als Frau fühlen durfte: die Damentoilette. Zwei Spritzer Parfum, ein bisschen Puder aufs Näschen, drei Liter Leitungswasser, und mein Image als Superweib war wieder hergestellt.

»Muss mal kurz um die Ecke«, murmelte ich und schickte noch ein dezentes Bäuerchen hinterher. Bier war einfach nicht mein Getränk! Der Boden schien unter meinen Füßen nachzugeben, als ich mich vorsichtig von meinem Sitz erhob. Zwei Eisklotz-Beine protestierten mit einem stechenden Schmerz. Die Tribüne drehte sich, und die Gesichter von Matthias, Daniel und Miri verschwammen mit dem Rest der Zuschauer. Erstaunlich! Mit genügend Alkohol intus waren die Visagen direkt erträglich! Ich wankte ohne ein weiteres Wort Richtung WC-Schild und hoffte, dabei nicht wie eine betrunkene Geistesgestörte auszusehen.

Die Damentoilette!

Am liebsten hätte ich die Tür umarmt. Mein Ort der Zuflucht und Sicherheit! Als mich die einladende Wärme des weißgekachelten Toilettenraums empfing, hatte ich ein klein bisschen das Gefühl, eine gute alte Freundin zu besuchen. Endlich raus aus dieser Klirrkälte! Und was war das?! Ja konnte das die Wirklichkeit sein? Nicht zu fassen! Es gab tatsächlich einen Handfön! Wie von der Tarantel gestochen eilte ich zum Objekt meiner Begierde, bereit, jede darauf zusteuernde Konkurrentin augenblicklich ins Jenseits zu schicken. Der Handtrockner gehörte mir! Ich hing mich mit meinem kompletten Körper unter den heißen Luftzug und seufzte ein wohliges: »Ohhh!«.

Eine junge Frau am Waschbecken hob skeptisch eine Braue und schielte mit einem verächtlichen Blick zu mir rüber! Was glotzte die denn so blöd? Noch nie 'ne Frau gesehen, die unter einem Handtrockner auftaut? Ich überlegte, ob es irgendwie einen komischen Eindruck machen würde, wenn ich den Rest des Spiels einfach hier verbringen würde. Nein, ausgeschlossen. Hinterher dachte Tom am Ende noch, ich hätte so lange auf der Toilette zugebracht, um in Seelenruhe ein Geschäft zu verrichten. Sonya-zum-Pferde-stehlen-Kraus, die erstmal ein Bier wegext, sich mit einem Rülpser verabschiedet und dann auf der Toilette noch ein Ei legt? Unmöglich! Auf keinen Fall! Wehmütig trennte ich mich von meinem Fön, zwinkerte der Frau am Waschbecken zu und raunte: »Geiles Gerät! Bläst wie 'ne Eins!« Dann torkelte ich erst mal in eine Kabine.

Best dressed!

Als ich frisch frisiert, halbwegs aufgetaut und noch immer leicht angetrunken zu meinem Platz zurückkehrte, fühlte ich mich unbesiegbar! Der Spiegel hatte es bestätigt: Ich war ohne Frage die bestgekleidete Frau im Umkreis von dreitausend Metern. Zugegeben – das war angesichts der wenigen anwesenden Frauen, die sich offenbar alle in ihr winterfestes Kampflesben-Outfit geworfen hatten, auch nicht besonders schwierig. Aber egal! Ich war die Schönste und damit basta! Zufrieden stellte ich fest, dass sich auch die Licht-Atmosphäre im Stadion entschieden verbessert hatte: Warum auch immer – die Halle war plötzlich abgedunkelt. Alle Zuschauer schwenkten zu heroischer Musik Wunderkerzen und riefen im Chor irgendwelche Spielernamen. Ja, so konnte ich mir das gefallen lassen. Das war genau die richtige Stimmung für meinen glorreichen Auftritt. Jetzt nur noch elegant die Treppe zu meinem Sitzplatz hinunterschweben, und der Abend war gerettet!

Und es wirkte! Plötzlich waren sämtliche Blicke der Zuschauer auf mich gerichtet! Man drehte sich regelrecht nach mir um! Ha! Her mit der Genugtuung! Das war Balsam für meine geschundene Seele! Hier kommt Sonya Kraus, die Eiskönigin! Und auch Tom hatte mich endlich erblickt. Und siehe da: Sein Mund blieb ihm vor Erstaunen offen stehen. Sein Blick schweifte von meinem Gesicht über meinen Busen, den ich in der Tat hervorragend zur Geltung gebracht hatte, bis runter zu meiner Hüfte. Und dort heftete er sich fest! Auch alle anderen schienen mir auf die Hüfte zu starren. Hallo? Ihr könnt auch ruhig noch einen

Blick auf meine affengeilen Beine riskieren ... Hä?! Wo zur Hölle sahen die hin?
Ich sah an mir runter und erblickte etwas, das ganz und gar nicht zu meinem Outfit gehörte. Ein weißes, zirka drei Meter langes flatterndes Ding, das ich hinter mir herschleifte. Nein! Lieber Gott! Nein! Bitte lass es nicht das sein, wovon ich denke, dass es das ist. Oder mach, dass das ein Albtraum ist! Nein, es war kein Albtraum. Und ja, es war Toilettenpapier. Seht alle her! Hier kommt die Scheißkönigin. Heute trägt sie einen Traum in weiß aus dreilagigem Stoff: eine raffinierte Kreation des Designers Hakle Feucht – die Toilettenpapier-Schleppe!
Hektisch startete ich einen Befreiungsversuch. Irgendwie musste sich das verdammte Ding in meinem Rockbund verfangen haben. Das konnte doch einfach nicht wahr sein! Das war ja klischeehafter als in einer schlechten Telenovela! Toilettenpapier bleibt versehentlich an Rocksaum hängen! Jeder Drehbuchautor wäre für diese abgedroschene Idee sofort gefeuert worden. Und ausgerechnet in meinem Leben kam so eine peinliche Szene vor?!
Tom, ganz Gentleman, griff sich geschickt ein Stück Papier, zupfte einmal kurz und hielt den kompletten Toiletten-Schleier in der Hand! Er grinste breit: »Sonya, du bist echt der Hammer!«
Ich starrte ihn an. So! Mehr als dieses dämliche Dauer-Grinsen hast du wohl nicht zu bieten, was? Du willst mein Held sein? Wie wär's zur Abwechslung mal mit einer Rettungsaktion? Rettung vor Matthias, Daniel, Miri und dem Rest dieser Eishockey glotzenden Primitivlinge. Wo bitte sind dein weißes Pferd, dein Schwert und deine Rüstung? Schöner Märchenprinz! Pfff! Trotzig riss ich Tom die Toilettenpapierfahne aus der Hand. Das war immer noch MEINE Schleppe! Dann fauchte ich: »Nur zur Information, ich HASSE Eishockey!!!« Damit drehte ich mich auf meinem Absatz um und verließ, so würdevoll es die Situation zuließ, das Eisstadion.
Gut, bleiben wir ehrlich! Der Tag war nicht ganz so gelaufen, wie

ich mir das vorgestellt hatte, und höchstwahrscheinlich würde ich mir mein Gesicht chirurgisch verändern lassen müssen, um auf der Straße nicht als die »Toiletten-Königin« erkannt zu werden. Aber das Leben bot, Gott sei Dank, so viele tröstliche Alternativen! In wenigen Minuten würde ich ein wirklich heißes Date genießen – und zwar mit meiner Badewanne.

Nachtrag!

Von Tom ward nach unserem glorreichen Date nichts mehr gehört – was für eine Überraschung! Sieben Tage später war ich über ihn und meine Blasenentzündung hinweg! Ganze zwei Tage danach verguckte ich mich unsterblich in den charmanten Kellner Jimmy aus dem gut geheizten Hard-Rock-Café! Die Genießerin schweigt, aber so viel sei verraten: Jimmy war „hard as rock" und ich mit meiner „Hot-Dog"-Bestellung genau an der richtigen Adresse …

»Erfahrung ist die beste Lehrmeisterin, und das Gute daran ist: Man bekommt stets Einzelunterricht!« Inge Meysel

Ja, so ist das, wenn wir Frauen begehren! Wir sind nicht VERknallt, sondern DURCHgeknallt. Was wir dagegen tun können? Ganz einfach: Nix! Es einfach akzeptieren und älter werden! Mit jeder weiteren Kerbe an unserem Bett, jedem Kratzer in unserem sensiblen Seelchen und jeder Falte auf unserer Stirn werden wir Weiber weiser! Und das ist unser kleiner, aber entscheidender Vorteil gegenüber dem männlichen Geschlecht – Männer werden nämlich nie erwachsen, nur irgendwann impotent!

»Männer entwickeln sich bis 14,
danach wachsen sie nur noch!« Inge Meysel

GRABEN, BAGGERN, AUFREISSEN! FÜNF SCHRITTE ZUR LUXUSLIEGENSCHAFT »MANN«!

Mit der Detailanalyse des Bauwerks »Mann« ist jetzt erstmal Feierabend. Weiter geht's mit ultimativen Aufreißtipps!
Diese stammen übrigens nicht von mir. Für den Männerfang bin ich ungefähr so prädestiniert wie eine Frau fürs Stehpinkeln. Nach jahrelanger Beziehung bin ich so eingerostet, dass es bei jedem meiner Anbagger-Versuche quietschen würde. Solche Themen überlasse ich also getrost den Profis: meinen Mädels! In mühevoller Recherche haben »fünf Frauen vom Fach« fein säuberlich alle Tipps und Kniffe zusammengetragen.
Versprochen: Ob Single oder frisch geschieden – mit diesem Regelwerk angelt sich jede einen Hecht für die heimische Pfanne!

SCHRITT 1:

FINDE DEINEN LOVE-INTEREST! DIE GRUNDSTÜCKSSUCHE!

Wer einen Mann will, der muss sich zuallererst einmal in einen verknallen! Klingt einfach, ist es aber nicht!
Mal ehrlich: Wir Frauen verbringen unser Single-Dasein vor allem mit Gejammer, anstatt in die Offensive zu gehen. Gedanken wie: »Ich finde niemals den Richtigen!« oder »Ich finde nie mehr einen, der so ist wie mein Ex!« sind kontraproduktiv und tragen bestimmt nicht dazu bei, dass Mr. Big an Ihre Tür klopft!
Der erste, aber wichtigste Schritt ist daher das Finden eines **»Love-Interest«**. Was, noch nie gehört? Ein **Love-Interest** ist »der Mann unseres aktuellen Interesses«. Der Typ, an den wir durch-

schnittlich 600 Mal am Tag denken. Der Kerl, dessen Psyche wir in stundenlangen Telefonaten mit der besten Freundin analysieren, dessen Nachnamen wir probehalber an unseren Vornamen hängen und den wir heimlich im Internet googeln!
Sprich: Der **Love-Interest** ist im besten Falle der aktuelle Lover, in den wir ja sooo verknallt sind. Vielleicht aber auch der One-Night-Stand vom Wochenende, der einfach nicht zurück smst, oder schlimmstenfalls der vom Supermann zum Schwein degradierte Ex-Macker, den wir aus unerfindlichen Gründen irgendwie doch noch »nett« finden.

»Mein größtes Problem: einen einigermaßen normalen Mann zu finden.« Sharon Stone

Fazit: Wichtig ist, dass wir einen Love-Interest haben!
Denn Frauen, die *unglücklich* verliebt sind, sind bei weitem nicht so unzufrieden wie Frauen, die *überhaupt* nicht verliebt sind. Es ist doch nichts langweiliger, als KEINEN Typ zu haben, über den wir uns den Kopf zerbrechen, über dessen Dummheit und Unsentimentalität wir uns aufregen oder den wir schmachtend anhimmeln können!
Dies also zum Trost für alle Frauen, die sich im Moment gerade schwarzärgern, weil der süße Knabe von vorgestern einfach nicht zurückruft oder weil der gerade mal »Vier-Wochen-neue-Freund« jetzt schon damit anfängt, nörgelig zu werden, weil ihm die Beziehung »irgendwie zu eng wird«.
Selbst wenn uns Männer in der Regel hauptsächlich zur Weißglut treiben und uns massenhaft graue Haare bescheren:

Wir sollten dem Himmel dafür danken, dass Kerle in unser Leben treten, wir uns glücklich oder unglücklich verlieben und dadurch alles so verdammt spannend wird!

Frauen, die sich mit ihrem Unglück und einem Drei-Liter-Eiscreme-Becher zu Hause vergraben, werden tatsächlich Singles bleiben! Traummänner warten leider nicht schockgefroren im Eisfach oder springen eben mal als fleischgewordener Soap-Darsteller aus dem Fernseher! Jede Frau, die sich verlieben will, muss daher wohl oder übel ihren hübschen Hintern von der Couch heben, diesen knackig verpacken und ihn dann an Orte tragen, an denen sich Männer aufhalten. Die Ausrede: »Ich verliebe mich aber einfach nicht so schnell« zählt übrigens nicht! Wer träge Schmetterlinge im Bauch hat, muss halt einfach ein bisschen länger suchen. Verlieben funktioniert nach dem »*Trial-and-Error*-Prinzip«! Je höher die Anzahl der Probeläufe, desto größer die Trefferquote! Nur Mut, Mädels! »Risiko« heißt das Schlagwort lebenshungriger Amazonen.

»Ein Mädchen kann warten, bis der Richtige kommt. Aber bis dahin kann sie viel Spaß mit dem Falschen haben.« Cher

SCHRITT 2:

DOWNTOWN ODER VORORT? DIE OPTIMALE JAGD-LOCATION!

Bravo! Unser Hintern befindet sich nun nicht mehr auf der Couch, sondern in freier Wildbahn! Und genau hier begegnet uns Tag für Tag potenzielle Beute! Jederzeit, an jedem Ort kann »Superman« plötzlich vor uns stehen. Und völlig gehemmt und verklemmt wissen wir dann nicht: Wie reagieren? Jetzt heißt es »Attacke«, und das ganz trickreich: Packen Sie ihn an seinem männlichen Ego, indem Sie seinen Beschützerinstinkt wecken! Auch wenn vielleicht Ihr Emanzen-Herz revoltiert.

Hilflos hilft immer!

Unsere kleinen Jungs wollen ihr Leben lang Ritter, Reiter und Retter sein! In Gegenwart »hilfloser« Mädels werden alle Männer ausnahmslos schwach und mutieren sekundenschnell zu Heroes: Jetzt fühlen sie sich stark, werfen ihre eigene Schüchternheit über Bord und ergreifen die Initiative, um uns ganz mutig anzusprechen!

> ***»Jeder Mann, den ich treffe, will mich beschützen. Ich weiß gar nicht, wovor.«*** Mae West

Testen Sie's am Mann! Großartige Versuchsobjekte finden wir in folgenden Jagdrevieren:

Baumärkte

Im Baumarkt unseres Vertrauens können Sie vom Typ »Schlagbohrer« bis zum Modell »Extrem-Nagler« alles abgreifen, was das Heimwerkerinnenherz begehrt. Außerdem signalisieren Sie: Ich bin eine Frau mit zwei äußerst geschickten Händen ...

Strategie: Hantieren Sie in angemessenem Abstand mit einem beliebigen Kaufgegenstand in seiner Nähe herum. Beispiel: Fernsehkabel. Nach einiger Zeit fragen Sie ihn mit ratlosem Klein-Mädchen-Augenaufschlag, ob er sich mit diesen »komischen« Kabeln für den Fernseher auskenne. Sie fänden das alles ja »ach so verwirrend«.

Kleiner Hinweis: Schießen Sie nicht übers Ziel hinaus! Versuchen Sie hilflos, aber nicht hirnlos rüberzukommen!

Wichtig: Achten Sie darauf, nie zu schwierige Gebiete abzufragen, schließlich soll er sich ja gut fühlen dürfen, weil er kompetent die Antwort kennt.

Parkanlagen

Diese Location ist mit oder ohne Hund ein absolutes Fang-Paradies! Erstens ist der Anblick eines Mannes mit Vierbeiner unwiderstehlich, und zweitens hat so ein spontaner Doggy-Talk absolute Flirt-Qualität. Hier können sich Männlein und Weiblein ganz ungezwungen beschnuppern!

Strategie: Sie und Ihr Wauwau haben einen interessanten Hundepapi erspäht: Missbrauchen Sie Ihr Hündchen schamlos für den Angriff und hetzen Sie Ihren vierbeinigen Freund auf den Wauzi Ihres potenziellen Love-Interests. Achtung beim Modell »tiefer gelegter Kampfhund«: Hier sollte diese Vorgehensweise reiflich überlegt sein. Für Hundelose gilt: Mit wohlduftenden Fleischwurst-Stückchen in der Tasche sind Sie der Knaller auf jeder Hundewiese! Dann noch ein »Ich liebe Hunde! Was ist das denn für einer?«, und die Falle schnappt zu. Sie sind im Gespräch!

Tipp: Was bei Hundebesitzern immer gut ankommt: Bemerken Sie ganz nebenbei, wie gut erzogen sein Schützling doch ist! Männer fühlen sich mächtig, wenn ihr Hund pariert, und er wird mächtig stolz sein, wenn Sie als Frau das registrieren.

Lassen Sie sich von dem »großen« Hundemeister unbedingt Erziehungstipps geben! Sollten Hund und Herrchen wirklich extrem niedlich sein und in Ihr Beuteschema passen, drehen Sie einfach zusammen mit den beiden eine Gassi-Runde. Da sein Hund ja der »süßeste Köter der Welt« ist, bieten Sie sich im Laufe des Gesprächs als Dogsitterin an. Jeder Hundemensch wird Sie alleine dafür schon lieben!

Fußballstadien

Hier gibt's Männer en masse, alle leicht beschwipst und gut gelaunt. Ein Revier der Superlative für die etwas sportlich-robustere Frau! Wir mittendrin kassieren dank dem »Coole-Frau-guckt-Fussball-Sonderpunkt« absolute Aufmerksamkeit! Außerdem zeigt ein Mann nirgendwo schneller sein wahres Gesicht als saufenderweise mit seinen Kumpels im Fußballstadion. Besser, man weiß vorher, wie der Extremfall aussieht ...

Warnung: Nehmen Sie sich vor weiblichen Konkurrentinnen in Acht! Einige von ihnen sind absolute Proll-Elsen, die ziemlich deftig bis handgreiflich werden, falls Sie es wagen, in deren Revier fischen zu wollen.

Strategie: Die erste Kontaktaufnahme mit Ihrem Love-Interest besteht aus fleißigem Zuprosten! So signalisieren Sie ihrem potenziellen Opfer in Phase eins, dass Sie eine Gleichgesinnte sind.

Kleiner Tipp: Ein deftiges Mittagessen als Bier-Basis macht trinkfest! In Phase zwei lassen Sie sich das »Abseits« erklären – nicht gerade originell, aber effektiv!

Wichtig: Informieren Sie sich dringend vorher, was ein Abseits ist, damit seine Lehrstunde auch »fruchtet« und Sie sich nicht als totale Fußball-Dumpfbacke outen!

Baggerseen und Schwimmbäder
Die absoluten Klassiker! Hier gibt's für uns die Body-Vorschau gleich inklusive. Die körperversierten Mädels unter uns können mit einem geübten Blick auf die Wölbung der Badehose direkt begutachten, was sie im Fall der Fälle erwartet.
Strategie: Im Bestfall inszenieren Sie möglichst dramatisch Ihr eigenes Ertrinken. Er als Ihr Lebensretter – das wären mindestens hundert Punkte auf seiner Beschützer-Skala! Wer keine abgeschlossene Schauspielausbildung hinter sich gebracht hat, sollte vielleicht auf die Anfängervariante zurückgreifen: Suchen Sie auf der Liegewiese nach Ihrem Schlüssel! Den Kerl, der hier schon nicht mithilft, wollen Sie garantiert nicht als Erzeuger Ihrer Kinder!

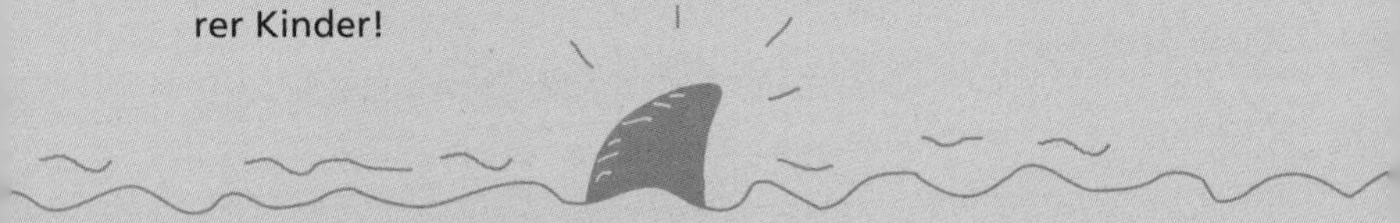

Grillpartys
Der heißeste Tipp! Ein so genannter »Bruzzler« ist besonders empfänglich für Flirts – denn am Grill kommt »Mann« sich wahnsinnig männlich und unwiderstehlich vor! Ist evolutionär erklärbar: ein Mann, sein Feuer und das Neandertal! Der Grilltrieb ist für uns von Vorteil, denn da ein Mann meistens sowieso nicht kochen kann, soll er wenigstens im Sommer dafür sorgen, dass wir was zwischen die Beißerchen bekommen.
Strategie: Einfacher geht's nicht – er soll Ihren Grill anwerfen, da springt der Funke automatisch über! Jetzt noch ein bisschen angemessene Bewunderung für seine feurige Leistung, und noch am selben Abend können Sie dann sein Würstchen wenden.

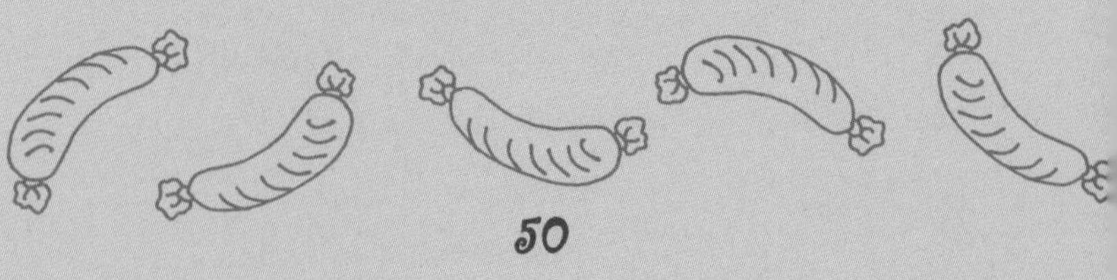

Für alle Locations gilt:
Nicht nur in der Tierwelt sucht sich IMMER das Weibchen ein Männchen aus, auch bei uns Menschen gilt diese biologische Regel! Dieser Fakt läuft natürlich dem männlichen Ego und vor allem seinem Jagdinstinkt entgegen. Deshalb müssen Sie Ihr Männchen immer im Glauben lassen, er sei derjenige, der sich für Sie entschieden hat!

»Beim Sex herrscht Damenwahl, obwohl die Männer vom Gegenteil überzeugt sind!« Sophia Loren

Sie haben die passende Jagdlocation gefunden und Ihren Fang bereits kontaktet, und jetzt bitte einmal Trommelwirbel für die Frage: Wie kommen Sie an seine verdammte Telefonnummer ran? Nein! Aus, pfui! WIR fragen NICHT!!! Das ist ein Gesetz! Nur Schlampen und abgebrühte Öko-Emanzen fragen nach Telefonnummern. Denn was käme da wohl als Nächstes? Fragen SIE IHN dann, ob er Sie heiraten will? Die Eroberung der Telefonnummer ist in seinen Augen Chef- und damit seine Sache. Ein kleiner Wink mit dem Betonpfahl ist aber erlaubt. Bringen Sie Ihr Handy folgendermaßen ins Spiel:

»Kennst du dich mit Technik aus?«

»Ach Mist, die Bedienung des Menüs ist ja so schwer zu kapieren!«

»Hups, jetzt ist es mir doch tatsächlich runtergeplumpst!«

»Du, sach mal, ist das ein Nokia 8800 oder das 6210?«

Vom Telefon zur Telefonnummer ist es jetzt nur noch ein winziger Schritt, den selbst ein Mann schaffen wird! Keine Angst, IHR Opfer wird Sie nicht durchschauen ... Tja, manchmal sind Kerle echt süß in ihrer Einfachheit!

Stopp!

Sie wollen professioneller, effizienter und gezielter jagen? Dann sollte Ihr Beuteschema die Jagdlocation bestimmen! Eine gute Freundin von mir HASST beispielsweise das Modell »gut aussehender Angeber«, rennt aber jedes Wochenende in den angesagtesten Club der Stadt, weil dort die Musik so super ist. Hallo?! Die Frau wird noch als alte Jungfer zu Grabe getragen, wenn sie so weitermacht! Ich sage immer: »Wer im Karpfenteich fischt, wird sich nie einen Hai angeln!«

Sie suchen den Typ »Abenteurer mit Wuschelkopf in ausgelatschten Turnschuhtretern«?

Nichts ist da beuteträchtiger als **Surfer-Partys**. Lässige Beach-Boys, wohin das Auge blickt. Kleiner Nachteil der Rasse »Surfer-Boy«: Gerne mal lautet sein Lebensmotto: »Ich brauche Wind in meinem Haar, Sand unterm Hintern und jede Menge Freiheit!« Schon klar, wir Frauen wissen ja, was »Freiheit« im männlichen Sprachgebrauch bedeutet ... Für einen flotten »Wellenritt« sind Surferboys aber durchaus zu gebrauchen!

Sie suchen einen gesetzten Typ mittleren Alters, der neben Lebenserfahrung auch ein bisschen Schotter in der Tasche hat?

Dann sind Sie bei **After-Work-Partys** genau am richtigen Ort. Hier wimmelt es meist von Anwälten, Bankern und Unternehmensberatern. Diese spezielle Spezies »Mann« ist – vorausgesetzt Sie stehen auf den Typ »Macho meets Muttersöhnchen« – aus beruflichen Gründen meist schon recht adrett anzusehen und daher was für die prestigeorientierten Mädels unter uns!

Sie kriegen schon beim Gedanken an spießige Schlipsträger Pickel?

Dann Finger weg von hippen Partys und Clubs, für die »Frau« am besten schon mal mit dem Türsteher geschlafen hat, um überhaupt reinzukommen! Verzichten Sie drauf, »hip« zu sein, und bestellen Sie sich stattdessen lieber ein Weinchen in der guten alten **Studentenkneipe**. Keine Angst, hier gibt's durchaus auch Männer, die schon Haare am Leckerchen und meistens vor allem was in der Birne haben.

Sie sind mehr aufs Körperliche fixiert und werden bei stahlharten Kerlen weich?

Dann ab ins nächste **Fitness-Center!** Nur, Sie wissen ja hoffentlich, was Anabolika mit der männlichen Potenz so alles anrichten können! Und Finger weg vom Fitness-Trainer: Hier herrscht hoher Konkurrenzdruck, da diese XY-Homo-sapiens bei Frauen auf einer Stufe mit Skilehrern oder Barkeepern stehen!
Es könnte also durchaus sein, dass er jeden Abend mit einer anderen Frau seine »Dehnübungen« macht.

Geheimtipp: Die Buchhandlung – das El Dorado!
Ein »Kaufhaus« voller Männer, fein säuberlich sortiert nach Interessen und Neigungen. Zeig mir, was du liest, und ich sag dir, wer du bist! Vom esoterisch angehauchten Tandra-Hengst in der Kamasutra-Ecke über den Weltenbummler bei den Reiseführern bis hin zum kunstversessenen Intellektuellen direkt neben den Picasso-Kalendern – hier wird jede fündig! Das Tollste an diesem Revier: Man kann sich über Stunden der Beute annähern, denn hier regieren Ruhe und Gelassenheit!

Die höchste Treffer-Quote beim Männerfang ...

... erzielen hungrige Single-Frauen meiner Meinung nach aber immer noch beim so genannten **»Freundeskreis 3. Grades«**! Unter den Freundeskreis 3. Grades fallen die Freunde der Freundin meiner besten Freundin. Klingt kompliziert, ist es aber nicht! Wenn ihre beste Freundin zum Beispiel eine total nette Arbeitskollegin hat, dann sind die Chancen groß, dass der Freundeskreis dieser Arbeitskollegin mit entsprechend netten männlichen Exemplaren bestückt ist. Eigentlich logisch, oder? Wenn Ihre Mädels eine andere Frau sehr sympathisch finden, stehen die Chancen 90 zu 100, dass Sie diese Frau auch mögen werden. Die Männer, mit denen sich die besagte Arbeitskollegin dann umgibt, sind in der Regel aus der »gleichen Liga« wie Sie und Ihre Freundinnen! Sobald also besagte liebste Arbeitskollegin Ihrer besten Freundin eine Party schmeißt oder zum Feiern aufruft – nix wie hin!

Bei diesem illustren Potpourri an Aufreiß-Locations bitte eins nie vergessen: Das Jagdrevier muss vor allem auch *Ihnen* wirklich gefallen! Ein Optimal-Flirt verlangt ein starkes Selbstbewusstsein, und das fällt ziemlich schwer, wenn Sie sich vor Ort unwohl fühlen.

SCHRITT 3:

THINK PINK! MIT AUSSTRAHLUNG ZUM ERSTEN SPATENSTICH!

Jetzt kommen wir zur goldenen und nie zu vergessenden Regel, um uns eine Luxusliegenschaft »Mann« zu sichern: Think Pink! Die erfolgreiche Jagd nach einem adäquaten Männchen hat nämlich einen natürlichen Feind: die »Bad Vibration«! Negative Ausstrahlung ist erwiesenermaßen der Flirt-Killer schlechthin! Eine gute Freundin von mir beherrscht das gesamte Repertoire

negativer Ausstahlung in Perfektion! Wenn es jemand schafft, ein männliches Wesen in weniger als zwei Sekunden mit bloßer Bad-Vibration-Aura in einen traumatischen Schock zu versetzen, dann sie!
Hier ihre Top-Five-Liste der schlimmsten Ausgeburten negativer Aura in umgekehrter Reihenfolge:

Nummer 5
»Ja, du Arschloch! Ich gucke verkniffen. Zufällig hab ich mir diese Hose zwei Nummern zu klein gekauft!«

Nummer 4
»Mein Gott, seid ihr hier alle dämlich, warum bin ich nur so viel klüger als ihr?«

Nummer 3
»Wäre ich doch zu Hause geblieben – gleich kommt Desperate Housewives.«

Nummer 2
»Nein danke, ich trinke nichts. Ich spare gerade auf eine Brust-OP!«,

Und an der unangefochtenen Spitze: Nummer 1
»Ich will unbedingt und händeringend, am liebsten noch heute Abend oder besser sofort EINEN FESTEN FREUND!«

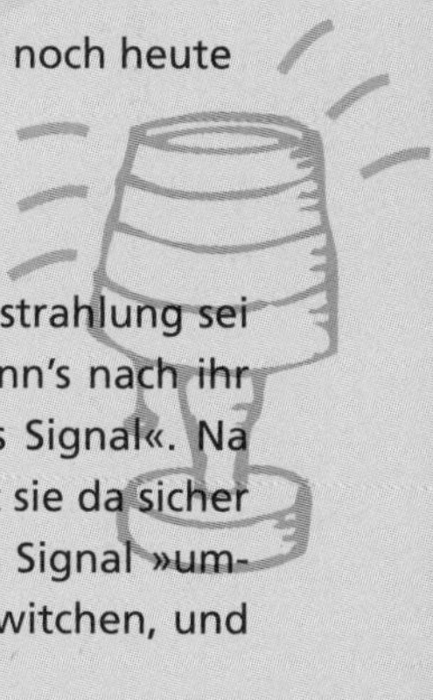

Pimp my Ausstrahlung – geht das überhaupt?
Eben diese Freundin behauptet, ihre launische Ausstrahlung sei nicht steuerbar. Sie KÖNNE sie nicht abstellen. Wenn's nach ihr geht, ist Ausstrahlung ein »unbewusst gesendetes Signal«. Na ja, unter laienpsychologischen Gesichtspunkten hat sie da sicher nicht Unrecht, aber ich behaupte, dass man dieses Signal »umfrequentieren« kann. Von »scheiße« auf »super« switchen, und

das in nur einer Sekunde. Es funktioniert – falls Sie hier Bedarf anmelden, müssen Sie nachfolgende Tipps dringend mal ausprobieren:

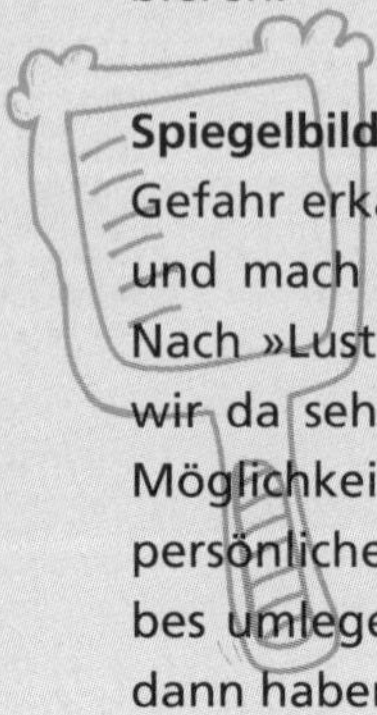

Spiegelbild-Selbstreflektionstest

Gefahr erkannt, Gefahr gebannt! Schau dir in die Augen, Baby, und mach den Spiegelbild-Schnelltest: Wonach sieht das aus? Nach »Lust auf Leute« oder »Cocooning«? Also, wenn das, was wir da sehen, bereits uns selbst Angst macht, gibt's nur zwei Möglichkeiten: Entweder zu Hause bleiben oder unseren ganz persönlichen »Aura-Schalter« mit dem Willen eines wilden Weibes umlegen! Wenn unser Blick verrät: »Ich liebe das Leben!«, dann haben wir's geschafft.

Individueller Stil bei der Klamotten-Wahl

Verkleiden Sie sich nicht! Wohlfühlklamotten geben uns Kraft – der Niki-Hausanzug ist damit allerdings nicht gemeint! Legen Sie sich eine Styling-Grundausrüstung zurecht: Egal ob Day, Disco oder Date – für jeden Anlass benötigen wir einen Look, in dem wir uns wirklich gut fühlen. An Tagen, an denen wir uns ohnehin unbesiegbar und sexy finden, können wir natürlich so richtig schön experimentieren. Wer sich gut fühlt, hat auch mal Lust auf was Schrilles – und das ist dann Killer-Erotik statt Kinder-Fasching!

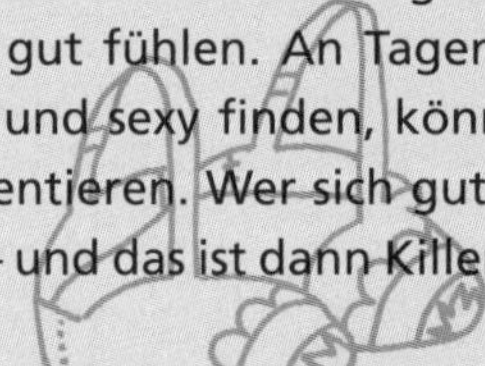

Steigerung der Ausstrahlung durch aktives »Vorglühen«

Vorglühen (= Antrinken, Anschwipsen mit Ihren Mädels) ist sozusagen die 100-Prozent-Garantie, dass Ihr Ausstrahlungsbarometer steil nach oben steigt. Bevor jedoch jetzt irgendjemand hysterisch aufschreit – nein, ich propagiere keinen Alkoholkonsum! Sie sollen sich ja nicht gleich ins Koma saufen! Kein Kerl der Welt träumt von einer torkelnden Alkoholleiche, die ihm in den Wagen oder am besten noch ins Bettchen reihert. Aber wer sich

ein bisserl Mut antrinkt, strahlt durchaus etwas Lustiges, Positives aus.
An dieser Stelle noch ein Wort an alle chronisch schlecht Gelaunten: Dass der Trick nicht funktioniert, wenn wir uns hundsmiserabel fühlen und gerade daran zweifeln, ob das Leben überhaupt noch einen Sinn macht, muss ich ja wohl nicht betonen.
Das Wichtigste beim Vorglühen ist aber letztlich nicht der Flüssigkeitskonsum, sondern die Gesellschaft ihrer Freundinnen, das Heiligste, was eine Frau besitzt. Diese Mädels sind das einzige Dope, das Sie wirklich brauchen!

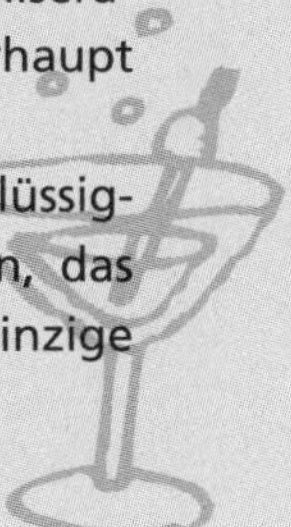

SCHRITT 4:

AUF IHN MIT GEBRÜLL! DIE PERFEKTE ANGRIFFSSTRATEGIE!

Hier sind wir beim Knackpunkt angelangt! Mit dem großen Netz der Begierde auf einen einsam zappelnden Fisch loszustürmen ist zum Scheitern verurteilt! Männer kriegen beim Anblick gieriger Frauenblicke, die händeringend ein Opfer suchen, Angst und entschwinden auf ewig in der Tiefsee. Deshalb niemals vergessen:

Er will doch so gerne Jäger sein!

In der Opferrolle fühlt er sich unwohl! Sie müssen ihm also das Gefühl geben, dass ER SIE erobert! Dynamit-Fischen ist tabu, werfen sie lieber einen Köder aus.
Das bedeutet: Sie müssen den Schwimmer **unauffällig** im Teich platzieren! Auf der Party-Piste also immer Spaß haben und so tun, als ob Sie einen Flirt überhaupt nicht nötig hätten. Schmachtendes Anstarren der Beute ist streng verboten! Ein flüchtiger

Blick, gepaart mit einem sympathischen, unverbindlichen Lächeln, ist allerdings erlaubt!
Und dann? Tja, wie das beim Angeln eben so ist! Jetzt heißt es abwarten, bis er anbeißt!
Und wenn er nicht anbeißt? Der hoffnungslose Balztanz ist eine typische Frauenkrankheit! Was veranlasst uns, gerade diejenigen Männer interessant zu finden, die kein Interesse an *uns* haben? Warum reagieren wir auf Abweisung mit Liebe?

Achtung, jetzt wird's tiefenpsychologisch: Menschen begehren immer das, was sie nicht haben können! Alles, was für uns unerreichbar ist, gilt als besonders erstrebenswert! Daher üben besonders die vergebenen und unwilligen Männer einen magnetisierenden Reiz auf uns aus. Ein sehr unlogisches Verhalten, jedenfalls dann, wenn es darum geht, sich einen Mann »anzuschaffen«. Würden Sie sich einen Hund zulegen, der Sie anknurrt? Sicher nicht! Sie wollen doch den haben, der schwanzwedelnd auf Sie zurennt, wenn Frauchen ruft, oder?
Falls Sie zum Typus »Ich-himmel-auch-das-größte-Arschloch-an« gehören, holen Sie in den entsprechenden Momenten unbedingt Ihren Stolz aus dem Keller und suchen Sie sich einen Flirt-WILLIGEN. Mister »Ich-lasse-mich-nicht-dazu-herab-auch-mal-nett-rüberzulächeln« darf gerne so lange im Tümpel schwimmen, bis er runzlig wird.
In diesem Sinne: Petri heil!

»Die Schönheit brauchen wir Frauen,
damit die Männer uns lieben,
die Dummheit, damit wir die Männer lieben.«
Coco Chanel

SCHRITT 5:

THE DAY AFTER! WIE SIE IHN FESTNAGELN!

Das Prachtexemplar ist ins Netz gegangen! Verhaltener Szenen-Applaus! Denn wie wir Frauen aus Erfahrung wissen, heißt das noch lange nicht, dass er da auch weiter artig zappelt und bei uns bleibt. So ein dicker Fisch ist einem schneller aus den Fingern geglitten, als man »Juchhu!« schreien kann!
Spätestens nach dem ersten Sex wird's richtig kritisch! Auf dem Höhepunkt seiner »tiefen Gefühle« für uns – nach seinem Orgasmus – schnurrt er meistens noch ganz zutraulich. Anschließend kommen dann – schließlich ist er noch ganz vernebelt von seiner Hormonausschüttung – die kühnsten Versprechen: »Wir müssen unbedingt mal zusammen segeln/zelten/snowboarden gehen.« Und dann, zwei Tage später, ist er plötzlich über alle Berge – und zwar ohne uns!

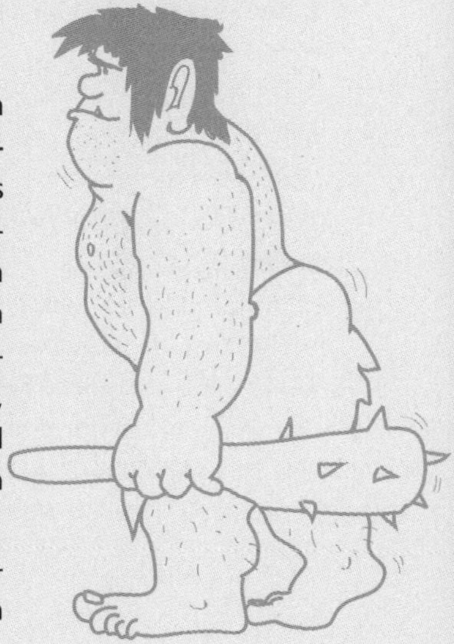

Sobald ein Mann auch nur erahnen kann, dass wir mehr als einen One-Night-Stand wollen, kriegt er Panik! Das Männchen darf also auf keinen Fall wittern, was wir mit ihm vorhaben. Denn auch, wenn Männer eigentlich ziemlich unsensibel auf weibliche Signale reagieren – wenn es um ihre Freiheit geht, haben sie extrem feine Antennen und entschwinden sofort unter den nächsten Rockzipfel!
Und warum bitte? Weil Männer Neandertaler sind! 130.000 Jahre haben an ihnen

nämlich nur eins verändert: Jetzt haben sie nicht mehr ganz so viele Haare am Hintern! Ansonsten ist alles beim Alten: Heute wie zur Steinzeit lautet der Evolutionsauftrag eines Mannes:

»Verteile deine Samen über diesen Erdball, und zeuge massenhaft Nachwuchs!«

Der natürliche Feind eines jagenden Steinzeitmännchens ist demnach das Weibchen, das ihn in eine Höhle sperrt und bedingungslose Treue fordert. Schließlich lautet unser Evolutionsauftrag:

»Lass dich vom besten Gen-Spender, den du finden kannst, schwängern, und sorg dafür, dass er dich, deine Höhle und deinen Nachwuchs beschützt!«

Oder anders formuliert: Zwei gegensätzliche Interessen prallen aufeinander. Na Glückwunsch, das hat die Natur ja geschickt eingefädelt!

Ergo!
Den Fisch am Haken also wirklich an Land zu ziehen ist harte Arbeit! Insofern sollten Sie sich zuerst vergewissern, ob sich Ihr Einsatz lohnen wird! Falls nein, vernaschen Sie ihn als Nordsee-Pausen-Snack, und dann weg mit dem Fischstäbchen.
Hat Ihre Beute jedoch genug Traumprinz-Potenzial, dann heißt es: »Ärmel hochkrempeln, jetzt kommt der anstrengende Teil!«

DIE DREI BERÜHMT-BERÜCHTIGTEN FESTNAGEL-NO-NO'S ... ODER: WAS GAR NICHT GEHT!

»Sex ist anders als Business. Man darf nicht alles, was man hat, sofort ins Schaufenster stellen.« Raquel Welsh

Ja, es gibt sie wirklich! Die drei fatalsten Fehler, die eine Frau begehen kann, wenn sie über den ersten Orgasmus hinaus an einem Mann interessiert ist. And the winners are:

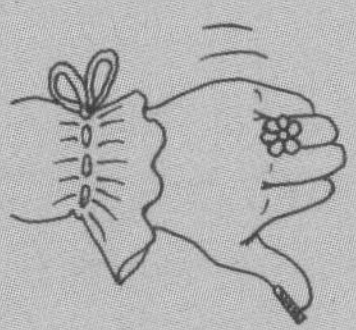

1. **Nach dem ersten Date mit ihm schlafen!**
2. **Nach dem ersten Sex bei ihm anrufen!**
3. **Nach einer Woche von Beziehung reden!**

Wollen wir diese No No's hören? NEIN!!!
Müssen wir diese No No's sein lassen? JA!!!
Mädels, so was nennt man **Taktik**, und die gibt's sogar beim Fußball. Es gilt, den steinzeitlichen Instinkt eines Mannes auszutricksen! Wie bereits erwähnt: Hat ein Mann eine Frau erst einmal begattet, ist seine Mission eigentlich bereits erfüllt. Ganz nach dem Motto:

»Bussi, Bussi, begattet und Bye, Bye!«

Und genau deswegen müssen Sie den männlichen Jagdtrieb so lange wie möglich anheizen! Nichts steigert sein Interesse an Ihnen mehr, als wenn er glaubt, um Sie kämpfen zu müssen! Und so wird's gemacht:

In der Prä-Sex-Phase: Contenance bewahren!
Sie haben seine Telefonnummer, er hat Ihre, eine Nummer im

Bett hat noch nicht stattgefunden. In dieser jungfräulichen Phase hat er vor allem ein Interesse: Sie ins Bett zu kriegen, um einen »Treffer zu landen«.

Ihre Spieltaktik: Lassen Sie ihn bei den ersten Begegnungen vor Ihrem »Tor« nur trippeln! Versenken darf er erst in der Verlängerung. Wann die stattfindet, bestimmen Sie!

Meine ganz persönliche Einschätzung dazu: Fünf Dates sind das absolute Minimum! Bitte, bitte!!! Auch wenn's schwerfällt – machen Sie es ihm auf keinen Fall zu leicht! Sie müssen dafür sorgen, dass sein Schuss kein einfach zu verwandelnder Elf-Meter wird. Einfach draufbolzen ist also nicht. Er soll sich gefälligst Mühe geben, und zwar nicht nur einen Abend lang. Ausgebuffte Ami-Weiber nennen diese Strategie übrigens: *Playing hard to get.* Tatsache ist: Männer knacken gerne harte Nüsse. Fallobst, die berühmt-berüchtigten »Schlampen«, kann schließlich jeder vom Boden auflesen und vernaschen!

»Es gehört viel Erfahrung dazu,
wie eine Anfängerin zu küssen.« Zsa Zsa Gabor

Ein praktischer Tipp: der moderne Keuschheitsgürtel! Um nicht vorzeitig schwach zu werden, ziehen Sie den ollsten Schlüppi an, den die Kleiderkiste hergibt! Noch sicherer: Trimmen Sie Ihren Rasen nicht! Lassen Sie die Stachelhecke stehen, so kommen Sie garantiert nicht in Versuchung!

In der Post-Sex-Phase: Distanz bewahren!

Clap your hands – es hat »geknallt«: Sie hatten das erste Mal Sex mit ihm. Als kluge Frau haben Sie ihn natürlich so richtig schön zappeln lassen, bis er ganz zu Ihnen »durchdringen« durfte. Das hat Ihren Marktwert entschieden gesteigert! In seinen Augen hat er Sie erobert. Jetzt ist er mächtig stolz auf sich und bildet sich extrem viel darauf ein, Sie »rumgekriegt« zu haben. Niedlich, oder? Diesen Erfolg führt er natürlich auf seine unglaublichen Liebhaber-Qualitäten zurück – nichts puscht sein Ego mehr! Congratulation – bisher lief alles bestens! Aber noch können Sie unverzeihliche Fehler machen! Die Post-Sex-Phase ist ganz klar die heikelste aller Kennenlern-Phasen. In den nächsten Tagen wird sich nämlich entscheiden, ob er Sie wiedersehen will oder ob Sie nur die »Schnitte für den kleinen Hunger zwischendurch« waren. Deshalb gilt als oberste Priorität nach dem ersten Sex:

Bleiben Sie die schwer zu erobernde Prinzessin!

Verblüffen Sie ihn! Seine Erfahrung mit dem weiblichen Geschlecht hat ihn gelehrt, dass Frauen nach dem ersten Sex extrem anhänglich werden. Und das mindert in jedem Fall sein Interesse! Aus sportlicher Sicht ist er nun schließlich nicht mehr gefordert. Bleiben Sie deshalb seine persönliche Herausforderung! Der männliche Ehrgeiz ist nämlich nicht zu unterschätzen! Sobald er glaubt, sie könnten ihm wegrennen, wird er Ihnen hinterherlaufen! Männer ticken da leider wie kleine Kinder: Drücken Sie mal einem Dreijährigen eine Puppe in die Hand und sagen Sie:

»Diese Puppe musst du jetzt ganz doll lieb haben und jeden Tag mit ihr spielen!«

Dieses Kind wird die Puppe ab genau diesem Zeitpunkt HASSEN und bei nächster Gelegenheit in die Ecke pfeffern. Wenn Sie dem Kleinen die Puppe aber aus den Ärmchen reißen und sagen:

»Die Puppe gehört mir! Mit der darfst du nicht spielen, dafür bist du noch viel zu klein!«,

wird die Puppe augenblicklich zum Dreh- und Angelpunkt seines Interesses!

»Wenn du weißt, dass die meisten Männer wie Kinder sind, weißt du alles.« Coco Chanel

Eine wichtige Regel lautet daher: Nach dem ersten Sex ist es SEINE Aufgabe, sich zu melden! SMSen und Anrufe unsererseits sind tabu! Einen, zwei und auch hundert Tage später! Wenn er Interesse an uns hat, wird er sich melden. Das ist so sicher wie der Samen nach dem Orgasmus!

In der Affaire-or-not-Affaire-Phase: Tabuwort »Beziehung«!

Was waren das doch für gute alte Zeiten, als es in unserer kleinen einfachen Teenie-Welt die berühmten Multiple-Choice-Zettelchen gab: *»Willst du mit mir gehen? Ja – Nein – Vielleicht.«*

Heute ist alles komplizierter! Woher wissen wir, ob wir mit einem Kerl »zusammen« sind oder ob es sich nur um eine Affäre handelt?

Hier gilt: Auf keinen Fall bei ihm nachfragen! Never ever sollten wir Frauen mit dem Thema »Beziehung« anfangen! Auch nicht auf die super-subtile Art: »Du, sag mal, wie lange ist denn eigentlich deine letzte Beziehung her?«

BEZIEHUNG!!! Dieses Wort klingt in den Ohren eines Mannes wie Fußpilz – den kriegt man so schnell nicht wieder los! Was anderes gilt natürlich, wenn er selbst das heikle Wort ausspricht!

Feststeht: Die meisten Lover werden die gemeinsame Zeit mit uns so lange wie möglich »Affäre« nennen. In seinem Sprachgebrauch bedeutet Affäre nämlich nichts anderes als »Poppen ohne Pflichten« – und das finden Männer super!

Warum sollten sie diese wunderbare Unverbindlichkeit also aufgeben? Ganz einfach: Weil jeder Mann einen urzeitlichen Instinkt hat, der noch stärker ist als sein Sextrieb: SEIN REVIERVERHALTEN! Sobald er Besitzansprüche entwickelt, wird er von »Beziehung«

sprechen. Das ist seine Art, sein Revier abzustecken und konkurrierende Gorilla-Männchen von uns fernzuhalten.

»Die Liebeserklärung eines Mannes kommt ungefähr so spontan wie das elektrische Licht. Jemand muss den Schalter betätigen.« Senta Berger

Daher gilt: Dezent demonstrieren Sie – auch nach mehreren Treffen mit ihm –, wie begehrt Sie bei anderen Männern sind. Daten Sie also auf jeden Fall »den netten Arbeitskollegen«, Ihren Chef oder einen »wirklich nur guten Kumpel« – und zwar so, dass er das auch mitkriegt. Wirkt Wunder!
Machen Sie sich außerdem rar! Und zwar sehr rar! Rufen Sie ihn nicht zu oft an, machen Sie auf keinen Fall dauernd Vorschläge für Dates, und unterlassen Sie Terror-SMSen im Style von:

»Wollt dir nur sagen, dass ich dich lieb hab.«
»Gestern Nacht war so schön!«
»Ich glaub, ich habe mich in dich verknallt.«

Immer schön langsam mit den jungen Pferden! Ein Mann fühlt sich in einer frischen Beziehung dann am wohlsten, wenn ER sich richtig ins Zeug legen muss! Vielleicht, weil er dann keine Zeit hat, über den Verlust seiner Freiheit nachzudenken? Wie auch immer: Männer fahren darauf ab, um die Liebe einer Frau kämpfen zu müssen – und wenn sie das doch unbedingt wollen, sollten wir so großherzig sein und ihnen diesen Gefallen tun.
Noch ein kleiner Tipp am Rande: Es gibt zwei Sätze, die uns in der ersten Phase des nachgeschlechtsverkehrlichen Kennenlernens auf keinen Fall über die Lippen rutschen dürfen:

»Ich liebe dich!« (Schlimmer kann man einen Mann nicht unter Druck setzen!) und

»Mein Ex war ja so ein Scheißkerl. Der hat mich ja sooo verletzt!« (Das klingt in seinen sensiblen Öhrchen nach einer handfesten Drohung! Ganz nach dem Motto: »Wehe, du machst das auch mit mir!«)

Überhaupt fühlen Männer sich schlecht, wenn wir zu viel von unserem Ex faseln. Das löst in ihnen sofort Kopf-Kino aus: Sie und ein muskulöser Kerl mit Riesen-Rute vergnügen sich auf einer Giga-Spielwiese. Besser, Sie lassen das!

In der Disziplin **»Wie ich mich bei Männern interessant mache!«** gibt es eine unangefochtene Meisterin! Ladys and Gentle-Ladys, Bühne frei für Alexia, meine Busenfreundin, Seelsorgerin und sexuelle Inspirationsquelle. Ich schwanke zwar immer, ob ich ihre »Spielchen« übertrieben oder überragend finden soll, aber der Erfolg gibt ihr Recht: Alexias »Rar-Mach-Methodik« hat eine Erfolgsquote von 90 Prozent! Sie hat bisher noch jeden bekommen, den sie wollte, und mehr Männer unglücklich gemacht, als Samantha aus *Sex and the City* in 180 Folgen. Hier ein kleiner Auszug aus ihrem Regelwerk:

»Ein Mann kann dir nicht hinterherrennen, wenn du an seiner Wade klebst.«

»Wenn dir ein Mann aus der Hand fressen soll, musst du ihn erst aushungern lassen!«

»Zwing einen Mann in die Knie, und er wird zu dir aufschauen!«

OUTING-ANEKDOTE:

»HEISSE SPIELE AM TELEFON!«

Erst vor kurzem erlebte ich Alexia wieder in Action! Sie hatte gerade einen fünf Jahre jüngeren Medizinstudenten im Visier, den sie zu ihrem nächsten »Lebensabschnittsgefährten« küren wollte. Sein Name war Sören. Er war schwedischer Abstammung, konnte zehn Wodka kippen, ohne danach zu torkeln, und hatte, wie Alexia entzückt feststellte, blonde Schamhaare. Nach dem vierten Date hatte sie ihren schwedischen Goldjungen vernascht, aber »noch lange nicht im Sack«, um es mit Alexias Worten zu sagen.

Und das sollte sich schleunigst ändern! Sie lud mich also zur obligatorischen Lagebesprechung ein, um einen Schlachtplan zu entwickeln. Mit von der Partie war ihr bester Kumpel André. Ein schwules Schnuckelchen aus dem Ruhrpott, der mit einem unerschöpflichen Ratschlag-Repertoire zum Thema »Umgang mit dem anderen Geschlecht« ausgestattet war. »Ist ein Mann dir gar nicht schnuppe, hol dir Tipps von einer Schwuppe«, pflegte Alexia gerne zu sagen.

Gerade war André dabei, mir einen großzügigen Schluck Chardonnay nachzugießen, als Alexia mit bedeutender Miene sagte: »Also Leute: Der Kerl ist ein Problemfall. Die Chancen, dass der 'ne Beziehung will, stehen 30 zu 70. Da gibt es klare Indizien!«

»Die da wären?«, fragte ich neugierig.

»Ganz einfach. Der Typ hat mich vorgestern ins Nirwana gevögelt. Der hat mich in so vielen Stellungen rangenommen, dass ich jetzt noch Orientierungsschwierigkeiten habe! Das war kein verliebter, sondern hochgradig versauter Sex! Der hat sich reingekniet, als gäb's kein Morgen mehr!«

»Hä?!« Ich sah Alexia kopfschüttelnd an. »Und das sagt deiner Meinung nach etwas darüber aus, ob er 'ne Beziehung will oder nicht?«

André biss herzhaft in seine Pizza und gab Alexia schmatzend Recht: »Stimmt schon! Kein Mensch verbraucht 'nen vollen Akku, wenn er am nächsten Tag auch noch Strom braucht. Oder anders gesagt: Wir Kerle sind beim ersten Vögeln nur dann richtig hemmungslos, wenn wir davon ausgehen, den anderen eh nie wiederzusehen.«

Ich verstand die Welt nicht mehr! »Soll das heißen, nur weil sich der Arme so ins Zeug gelegt hat, glaubt ihr jetzt, dass er nur einen One-Night-Stand wollte? Was ist das bitte für ein Quatsch? Der wollte Alexia beeindrucken und ihr zeigen, was er sexuell so im Programm hat. Und das in einer einzigen Nacht! Er war vielleicht ein bisschen übereifrig, aber ich würde das eher positiv werten.«

»Oha!« André grinste. »Frauen ergründen den männlichen Sexualtrieb ...«

Unbeirrt fuhr ich fort: »Also ich behaupte ja, wenn Männer nur auf 'nen einmaligen Ritt aus sind, geben sie sich keine Mühe, sondern ziehen die Nummer durch, ›kille, kille und druff uff‹.«

Alexia schmunzelte amüsiert. »Da ist was dran. Wie auch immer, in ein paar Stunden weiß ich mehr. Heute ist Stichtag. Wenn sich ein Kerl am dritten Tag, nachdem du mit ihm gevögelt hast, nicht bei dir meldet, ist die Sache klar. Ich starre jetzt schon zwei Abende lang auf mein Handy, und der Arsch ruft einfach nicht an. Gestern wollte ich es schon zur Reparatur bringen, weil ich dachte, es ist kaputt.«

Wie aufs Stichwort klingelte es in genau diesem Moment.

»Sieh an!« Vielsagend blickte Alexia aufs Display und hob ihr

Nokia triumphierend in die Höhe. »Sören is calling. Das ist ja ein Ding ...«

»Willst du nicht mal rangehen?«, fragte ich ungeduldig.

»Bist du verrückt?« Alexia sah mich an, als hätte ich sie aufgefordert, Sören einen Heiratsantrag zu machen. »Ich spring doch nicht beim erstbesten Bimmeln ans Telefon. Nix gibt's! Das sieht ja so aus, als hätte ich seit zwei Tagen wie ein verhärmtes Muttchen auf seinen Anruf gewartet. Da muss er sich schon ein bisschen mehr Mühe geben!«

André sah sie grinsend an: »Und was erwarten gnädige Frau? Dass Sören mit einer goldenen Kutsche anrückt?«

»Nö, aber ein zweites Mal muss er es schon versuchen. Das ist Pflicht!« Alexia legte mit bestimmter Miene ihr Handy weg, das zwei Sekunden später verstummte.

Lächelnd sagte ich: »Typisch Alexia. Du wirst auch diesen Mann um den Verstand bringen!« Ich schnappte mir meinen Mantel. »So, ihr Süßen, ich pack's dann mal. Heute wollte ich zur Abwechslung vor drei Uhr morgens ins Bett!«

»Nichts da!« Alexia zog mich am Ärmel zurück Richtung Couch. »Ich brauch euch zwei noch!«

Stirnrunzelnd sah ich sie an. »Wofür? Willst du nach Sörens schwedischem Super-Stich 'ne Schenkelmassage?«

Alexia lachte. »Nee, aber ich brauch Stimmengewirr in der Bude, wenn er nachher wieder anruft! So 'ne Totentanz-Atmosphäre im Hintergrund, und das am Freitagabend, geht ja wohl gar nicht.«

Mein Gesicht war ein einziges verblüfftes Fragezeichen. »WAS brauchst du?«

»Mensch, ich brauch euch als Hintergrundbeschallung, für den Fall, dass er anruft. Ihr seid meine Sound-Effekte!«

»Das ist nicht dein Ernst, oder?! Wir sollen hierbleiben, damit Sören hört, dass du nicht alleine bist???«

Alexia überlegte kurz, bevor sie antwortete, und goss mir zeitgleich einen Bestechungs-Chardo ein. »Fast richtig! Es soll nicht nur so klingen, als ob ich nicht alleine wäre, das muss hier so klingen, als würden wir die Party des Jahrzehnts feiern. Sorry, aber da müsst ihr jetzt durch. Wozu hat man schließlich Freunde.«

Ich stöhnte. Augen auf bei der Cliquenwahl! Jetzt glich Alexias Miene der eines Feldwebels bei der Einteilung seiner Kampftruppen. »Also, wenn Sören gleich noch mal anruft, werfe ich die Stereoanlage an und ihr zwei ...« Sie blickte nachdenklich durch den Raum. »... ihr klimpert mit den Gläsern und grölt laut mit oder so. Die Bude muss scheppern, und zwar gewaltig.«

Ich hatte urplötzlich Kopfschmerzen. Eine gewaltige Migräne-Attacke. Unter Umständen war es sogar ein Gehirntumor. In jedem Fall brauchte ich sofort ganz viel Ruhe, einen Tee und neue Freunde. Demonstrativ massierte ich mir die Schläfen, während ich mich resigniert auf die Couch plumpsen ließ.

»Alexia, was genau soll das bringen?«

Sie sah mich an wie Super-Nanny, die der kleinen Sonya die Welt und ihre Regeln erklärt: »Hallo?! Es gibt doch wohl nichts Cooleres als eine gefragte Frau, die nicht nur unglaublich viele Freunde, sondern auch eine geräumige Wohnung hat und nebenbei noch so lässig ist und ihre unglaublich vielen Freunde am Freitagabend in ihre geräumige Wohnung zu einer spontanen Party einlädt!«

André hatte sich ein Bier aus dem Kühlschrank geholt und fand es angebracht, das Ganze aus der männlichen Perspektive zu beleuchten.

»Der Plan ist gut! Das wird ihm mächtig stinken. Schließlich ist ER nicht eingeladen! Dann nimmt er sich gleich mal ein bisschen weniger wichtig und weiß, wo er auf deiner Prioritäten-Liste zu finden ist. Ganz unten!« Mit zufriedener Miene nahm er einen kräftigen Schluck aus der Flasche.

Entsetzt sah ich ihn an. Wie konnte er bitte Alexia in ihrem Wahnsinn noch bestärken? Mal abgesehen davon, dass er gerade dafür sorgte, dass ich hier wahrscheinlich die ganze Nacht Gläser klimpernd durch die Wohnung hopsen würde. Ich versuchte es mit Logik: »Was soll denn daran gut sein, einen Mann so zu verunsichern? Merkwürdige Strategie ...«

»Quatsch!« Alexia war jetzt voll aktiviert und fuchtelte geschäftig am CD-Player herum. »Glaub mir, das wirkt Wunder. Der soll mal schön merken, wie viel Spaß ich ohne ihn habe. Wahrscheinlich glaubt er, ich wäre gefrustet, weil er sich zwei Tage nicht gemeldet hat. Stattdessen feiere ich in meiner Wohnung die coolste Party der Stadt.«

Ich sah mich in Alexias Wohnung um. Außer einem angetrunkenen Homo, einer offensichtlich Irren, drei leeren Pizzaschachteln und zwei ungeöffneten Weinflaschen war niemand da. Ach ja, fast hätte ich eine Person vergessen: mich, die ausgemergelte Frau auf der Couch, die einen höchstwahrscheinlich lebensbedrohlichen Hirntumor und lauter rücksichtslose Freunde hat.

»Coole Party«, sagte ich und beschloss, mir noch einen Wein zu gönnen und mich meinem Schicksal zu ergeben.

Mit einem Plop öffnete André eine weitere Flasche Bier. »Na dann, Mädels, wollen wir mal hoffen, dass sich Sören nicht erst in fünf Tagen meldet!«

»Ich gebe ihm eine Stunde«, entgegnete Alexia siegessicher und machte es sich mit ihrem Wein bequem.

Es dauerte nicht eine, sondern zweieinhalb Stunden, bis sich das Telefon endlich erneut zu Wort meldete. *Sören ruft an* verkündete das Display ein zweites Mal. Zeitgleich sprangen André, Alexia und ich von der Couch! Erlösung! Fast schon ekstatisch jubilierte ich: »Das ist er, geh ran, geh ran!«

»Ja doch, Momentchen mal!« Hektisch kletterte Alexia über die Couchlehne Richtung Stereoanlage. Meine Nerven! Wenn Sören jetzt wieder auflegte, würde sich unser Chardonnay-Marathon fortsetzten.

»Hallo, Beeilung! Der ist Schwede und kein Schweizer! Die sind

nicht so geduldig!«, rief ich zu Alexia rüber, die endlich die Stereoanlage angeworfen hatte. In einer vollkommen übertriebenen Lautstärke tönte *funky-dance-house-mix* aus den Boxen.
»Los, geh du ran!« Alexia warf André das Handy rüber, der sie entsetzt ansah.
»Wer, ich?«
»Und versuch, nicht so schwul zu klingen! Sag, ich bin unter der Dusche!«
»Hä?« André sah sie verblüfft an.
»Ist doch super, der soll ruhig für 'nen Moment glauben, dass ich hier schon die nächste Schweden-Orgie feiere!« Damit verschwand Alexia Richtung Bad, um den Duschhahn anzuwerfen.
Immer noch vollkommen überrumpelt drückte André endlich auf den Annahme-Button. »Äh, der André hier am Handy von Alexia.«
Wie auf Kommando klirrte ich mit zwei Sektgläsern in der Gegend herum und kam mir vor wie eine Schauspielerin in einem schlecht inszenierten Kammerspiel. Sören schien nachzufragen, wo Alexia eigentlich sei, denn André sagte so hetero-like es ging: »Warte mal, ich hol sie. Sie ist … äh … unter der Dusche.« Dann sah er fragend zu mir rüber, und ich zuckte mit den Achseln.
»Alexiaaaa«, brüllte André so laut er konnte Richtung Bad, aus dem es klang, als würde es gerade überflutet.
»Moooomeeeent«, antwortete es dumpf.
Klirr! Zu allem Überfluss hatte ich mir selbst so engagiert zugeprostet, dass Alexias Sektgläser zu Bruch gingen. Hoppla! Das klang nicht mehr nach Privat-Party, sondern nach einer Abriss-Fete.
Aber Alexia schien mit unserer Arbeit zufrieden zu sein. Sie kam gerade triefend nass um die Ecke und gab mir ein Zeichen, die Musik noch ein bisschen lauter zu stellen. Von mir aus! Ich regulierte den Volume-Schalter auf Disko-Lautstärke und wurde augenblicklich von einem wütenden Klopfen aus der Nachbar-

wohnung belohnt. Vollkommen außer Atem riss Alexia André das Handy aus der Hand.
»Ja?«, schrie sie keuchend in den Hörer. In der Wohnung war es mittlerweile so laut, dass man sein eigenes Wort nicht mehr verstand.
»Ach, du bist's! Sorry, musste grade unter der Dusche mein Shirt auswaschen. Campari. Geht ganz schlecht wieder raus.«
Jetzt warf uns Alexia einen strengen Blick zu. Ich wertete das als Aufforderung, hatte aber keinen blassen Schimmer, was sie wollte. Also grölte ich mal prophylaktisch zu ihr rüber: »Alexia, wo is'n der Tequila?«
Alexia zwinkerte mir anerkennend zu und rief in den Hörer: »Was wir hier machen? Ach du, ich hab ein paar Leute eingeladen. Ja, genau! Ist ein ganz nettes Fest!«
Jetzt hatten André und ich auch Spaß an der Sache gefunden und hüpften laut singend an den wummernden Boxen vorbei. Alkohol ist schon ein Teufelszeug ...
»Wie? Ob ich morgen Zeit hab?« Alexia grinste diabolisch zu uns rüber. »Puh, also morgen ist es schlecht. Aber nächste Woche können wir gerne was machen. Ja, genau. Meld dich einfach noch mal. Ach und übrigens: Ich liebe Thailändisch. Bis dann!« Damit legte sie auf.
»Mädels.« Mit Stolz in der Stimme sah Alexia André und mich an, als hätten wir eine Schlacht gewonnen. »Jetzt ist der Kerl fällig!«
»Halleluja!«, gähnte ich. »Die Rechnung mit einer genauen Dienstleistungsabrechnung kriegste dann morgen!«
Eine halbe Stunde später hatten wir Alexias Messi-Bude wieder in eine halbwegs anschauliche Wohnung verwandelt, die Nachbarn daran gehindert, die Polizei anzurufen und uns in Schlafklamotten geworfen. Weder André noch ich hatten Lust, nach dem vorsichtig geschätzten Genuss von fünf Litern Alkohol nach Hause zu fahren. Also lud uns Alexia großzügig auf ihre durchgesessene Schlafcouch ein.

»Die Giga-Spielwiese ist eröffnet«, lachte sie. »Zutritt nur für Mädels und warme Schwestern!« Dann legte sie die neueste Staffel von *Queer as folk* in den DVD-Player und sprang mit einem Satz in die von ihr liebevoll drapierte Kissenlandschaft.

André und ich warfen uns, ausgestattet mit Chips und einem Eiscreme-Becher, dazu.

»Das ist doch wohl geiler als *Sex and the City*«, kommentierte André den Vorspann seiner Lieblings-Schwulen-Serie.

»Zumindest lernen wir naiven Heten 'ne Menge über Analsex und Rimmen«, antwortete ich Chips knuspernd.

»Rimmen?«, hakte Alexia nach. Sie war gerade dabei, sich ihre obligatorische Sesam-Peeling-Maske ins Gesicht zu kleistern. »Das heißt doch so viel wie jemandem die Zunge in den Hintern schieben, oder? Iiiieeeh! Also mal ganz ehrlich, habt ihr Schwulen ein paar Geschmacksnerven weniger als wir?«

Bevor André darauf antworten konnte, klingelte es plötzlich an der Tür.

»Oh nee!«, seufzte Alexia und zog das Haargummi ihrer Bergheimer-Bums-Palme fester. »Das ist bestimmt mein Vermieter, der mir nach den heute aufgelaufenen Nachbarschaftsbeschwerden die Kündigung in die Hand drücken will. Sonyaaaa … könntest du …?«, bettelte sie in meine Richtung.

»Ich geh schon«, antwortete ich gütig und wälzte mich von der Couch. »Ich sag ganz einfach, du wärst mit André rimmend unter der Dusche.«

Ding dong! tönte es im Flur. Mit Chips-Krümeln übersät und einem fragwürdigen Haarstyle kämpfte ich mich durch Sektglas-Splitterreste Richtung Wohnungstür. Wenn das wirklich ein Nachbar oder der Vermieter war, wäre Alexias Image endgültig dahin ...

Mit meinem höflichsten Empfangsdamenlächeln öffnete ich die Tür und ... hatte augenblicklich den instinktiven Wunsch, sie sofort wieder zuzuschlagen. Kurzer Scan: Vor mir stand ein blond gelockter Bubi, Mitte 20, gut gebaut. In seiner rechten Hand hielt er eine Flasche Alkohol.

»Äh ... Hi! Ich hab gehört, euch ist der Campari ausgegangen«, sagte der Bubi mit leichtem Akzent und sah mich dabei ein wenig skeptisch von oben bis unten an.

Ratter, ratter, ratter. Kurz mal die Denkfabrik angeworfen. Möööp. Ergebnisauswertung: Alarmstufe rot! Wenn das nicht Sören war, war ich das Krümelmonster. Also eins musste man Alexia lassen: Ihre merkwürdigen Tricks wirkten wirklich. Das war ja eine geradezu magnetische Anziehungskraft.

»Danke!«, sagte ich mit leicht belegter Stimme und riss Sören den Campari aus der Hand. Abwägung: Kann man diesem Mann jetzt die Tür vor der Nase zuknallen? Schließlich hatte das George Clooney in seinem Werbespot auch verkraftet, und Alexia könnte ihr restliches Leben in Würde zu Ende bringen.

»Wer ist es denn?«, blöckte sie aus dem Wohnzimmer.

»Äh ...« Ich überlegte. Wie sollte ich das jetzt am diplomatischsten formulieren? »Sören ist da!«

Das wiederum schien Sören als Einladung zum Eintreten zu deuten. Er zwängte sich an mir vorbei und latschte in seinem kindlichen Leichtsinn direkt Richtung Wohnzimmer. Tja, die Jugend von heute war einfach noch arglos.

»WER ist da???« Alexia war aus ihrer Kissenburg gestiegen und wäre auf halber Strecke beinahe mit Sören zusammengestoßen. Im Hintergrund flimmerte eine Liebeszene aus Queer as folk über den Bildschirm. Brian Kinney war gerade laut stöhnend dabei, den hemmungslosen Justin von hinten zu bearbeiten. Konnte sich nur noch um Sekunden handeln, bis er ihm die Zunge in den Allerwertesten steckte. Dann hätten wir den unbedarften Sören wohl restlos traumatisiert. Dessen Blicke flogen jedenfalls entsetzt zwischen Fernseher, dem halbnackten André auf der Couch und Alexia hin und her. Die erinnerte mit ihrer Peelingmaske und dem Kelly-Family-Haar-Wedel irgendwie an Ötzi.

»Oh!«, sagte Alexia nur. »Hallo!«

»Hi!«, antwortete Sören. »Das ist ... ja wirklich ein ...nettes Fest ...«

»Ja«, sagte Alexia und bemühte sich um ein einigermaßen lockeres Lachen. »Wir ... also das war ... eine Pyjama-Party. Schade ... ist gerade zu Ende ... Das ...«, sie deutete zu André, der mit vollem Mund ein »Tach!« rübernuschelte, »... ist sozusagen der Rest vom Fest!«

Ich beschloss zu retten, was zu retten war, und öffnete erstmal Sörens Mitbringsel.

»Sören, willkommen im Club! Deine Eintrittskarte«, ich schwenkte die Flasche, »hast du ja schon mal dabei. Wenn du jetzt noch dein Höschen runterlässt und dich in einen hässlichen Pyjama wirfst, bist du aufgenommen!«

Sören strahlte mich plötzlich an. Nun hielt er das Ganze offenbar für eine besonders exquisite Runde. Na ja, vielleicht dachte er auch ganz einfach, dass Deutsche eben so feiern. In jedem Fall lag er zehn Minuten später mit einem viel zu engen Jogginghöschen, einem Glas Campari, zwei wilden Weibern und dem äußerst zufriedenen André auf Alexias Ausziehcouch, um mit uns über schwedische Feste, schwule Jungs und das Rimmen zu philosophieren.

Sören durfte sich noch drei weitere Monate auf Alexias Spielwiese vergnügen, bis er »verabschiedet« wurde. »Er ist zu langweilig«, kommentierte sie ihren Abschuss. Ein eindeutiger Nachteil bei Alexias Spielchen: Früher oder später findet sie ALLE Männer zum Schnarchen, die auf ihre Taktik anspringen. Bleibt nur zu hoffen, dass meine Süße in den nächsten zehn Jahren einen Kerl kennen lernt, der zur Abwechslung mal IHR die kalte Schulter zeigt – schließlich will ich irgendwann mal Patentante werden.

Müssen wir Alexias Spielregeln folgen, wenn wir einen Mann wollen? Um Himmels willen – NEIN! Erstens wäre das furchtbar anstrengend (wer hat schon Alexias Energie). Zweitens riskieren Sie, dass Ihr gesamter Freundeskreis komplett genervt reagiert (wer ist schon so geduldig wie André und ich). Und drittens: Wenn Sie diese Nummer nicht wirklich perfekt beherrschen, MACHEN Sie sich eher zum Horst, als dass Sie sich einen angeln.

Der Schlüssel zu Alexias Erfolg liegt meiner Meinung nach woanders: in ihrem unwiderstehlich charmanten Selbstbewusstsein! Denn genau das ist es, was diese Klassefrau so verdammt anziehend macht! Apropos Selbstbewusstsein ...

DER ZEMENT IM FUNDAMENT – SELBSTBEWUSSTSEIN ALS LOVE-GARANTIE!

Hand aufs Herz! Wir Frauen haben die dämliche Macke, unser Selbstbewusstsein gerne mal davon abhängig zu machen, wie wir bei Männern ankommen! Läuft's mit den Kerlen wie geschmiert (und das dürfen Sie durchaus wörtlich nehmen), ist alles in Butter. Aber wehe dem, wir haben mal eine weniger gute Fang-Phase! Wenn wir Frauen von unseren Beutezügen zu lange mit leeren Händen heimkehren, sind wir ganz schnell gefrustet. Falscher Schachzug!!!

Wenn Sie Erfolg bei Männern haben wollen, müssen Sie sich erst einmal großartig finden! Schließlich verbringen wir ja auch die meiste Zeit mit uns selbst. Wäre es nicht klüger, sein Heil in der eigenen Person zu finden, anstatt immer nach einem männlichen Erlöser zu suchen? Biblisch formuliert: **Liebe erstmal dich selbst und dann den Nächsten!**

Wir alle kennen Menschen, die weder besonders schön noch überaus intelligent oder lustig sind, aber trotzdem ein unglaubliches Charisma besitzen! Diese »Aura« ist nichts Mysteriöses, wir können sie uns antrainieren! Kein noch so prall gefülltes D-Körbchen kann es dann in puncto Attraktivität mit uns aufnehmen!

SCHLUSS MIT DEM GEJAMMER! JETZT WIRD IN DIE HÄNDE GESPUCKT!

Gehören Sie zu den Frauen, die nicht zum Jammern neigen? Dann herzlichen Glückwunsch! Die meisten von uns tendieren nämlich gern mal zum Selbstmitleid. Hier ein paar typische Weiberjammereien:

*»Mein Gott, sehe ich mal wieder scheiße aus!
Mutter Natur ist so ungerecht!«*

»Jetzt ist die Kuh vor mir befördert worden, obwohl die noch blöder ist als ich! Die hat bestimmt mit dem Chef gepennt!«

*»Wieso ist mir die neue Jeans auch schon wieder zu eng?
Ich hab doch nur am Kuchen gerochen!«*

*»Die Neue von meinem Ex sieht viel besser aus als ich!
Die ist doch operiert!«*

»Hilfe, Krähenfüße! Jetzt krieg ich bestimmt keinen mehr ab und werde als Trockenpflaume enden!«

»Mein Job ist so langweilig, dass ich ins Vollkoma fallen könnte! Aber da sind ganz klar meine Eltern schuld!«

*»Ich arme Sau hab keine Kohle mehr auf dem Konto!
Mein Mann verdient einfach zu wenig!«*

Na, ertappt? O.k., Einwand genehmigt – Jammern ist menschlich! Und zugegeben – auch ich mutiere ab und an zum Mimöschen! Trotzdem sollten wir uns alle eine eiserne Regel unter die

Perücke klemmen: Statt unkontrolliert in Selbstmitleid zu zerfließen, wenn's im Leben mal nicht so faltenfrei läuft, heißt die Devise:

Handbremse ziehen, den Gang »NEU POSITIONIEREN« einlegen und mutig durchstarten!

Oder wollen wir den Rest unseres Lebens mit Rumheulen verplempern? Also, bevor ich ins Nirwana abdanke, würde ich gerne noch zwei, drei Dinge erreichen, und mit Jammern erreicht man leider gar nichts!!!
Dörte denkt darüber anders! Sie kennen Dörte nicht? Das ist meine Sandkastenfreundin, die, die es leider nie so wirklich geschnallt hat!

OUTING-ANEKDOTE:

»WARUM ICH MIT MEINER FREUNDIN SCHLUSS MACHTE!«

Ich lernte Dörte als quirlige Fünfjährige kennen – sie war unbestritten die beste Baumhaus-Architektin der Nachbarschaft. Doch dreißig lange Jahre machten aus ihr einen, sagen wir mal, »gemütlicheren« Menschen: Dörte brachte drei Kinder auf die Welt und 140 Kilo Lebendgewicht auf die Waage! Irgendwann war sie so fett, dass sie kaum noch durch die Haustür passte. Was sie mit ihren dicken Fingerchen dafür aber umso besser konnte: Telefontasten drücken und mich täglich anrufen. Ich war Dörtes ganz persönliche Seelenmülldeponie, auf der sie ihren »dicken Frust« abladen konnte. Ihr meistverwendeter Satz: »Sonya ... *(schluck, schmatz, schling)* ... ich bin mir sicher, ich hab's mit dem

Stoffwechsel! Du, wenn ich so 'ne Torte nur ansehe, nehm ich schon zwei Kilo zu. Wie ungerecht, dass du so 'n Hungerhaken bist. Ich ess' nämlich wirklich nicht mehr als du!«

Nee, ist klar! Dörte, das achte Weltwunder – ein Phänomen der Ernährungswissenschaft. Gut, mal ehrlich: In Dörtes erstem Dick-Depri-Jahr tat sie mir tatsächlich noch irgendwie leid. Nach zwei Jahren telefonischer Dauer-Berieselung bedauerte ich mich dann allerdings ausschließlich selbst. Vor allem dann, wenn Dörtes Nummer auf dem Display aufleuchtete. Ihrem Mann ging es wohl ganz ähnlich – er ließ Dörte mit Kindern und Kilos sitzen.

Schlagartig wurde mir klar, dass eine »Dörte OHNE Mann« noch mehr telefonieren konnte als »Dörte MIT Mann«! In einem Akt der Verzweiflung beschloss ich also, einen neuen Kerl für sie an den Start zu bringen. Ich hatte da eine bevorstehende Grillparty im Auge – fand ich irgendwie passend.

Wie ein Motivationsguru beschwor ich Dörte am Telefon: »Du musst echt mal wieder auf die Piste! Diese Stubenhockerei ist auf Dauer tödlich. *(Dein Cholesterinwert im Übrigen auch.)* Vergiss mal den Stress mit deinem Ex und den Kiddis! Wir machen uns zusammen 'nen richtig netten Mädels-Abend!« Tschacka!

Dörtes Enthusiasmus war kaum zu übertreffen: »Grillparty? Ach, nee du! Heute kommt *Wer wird Millionär*, und ich wollte ein bisschen bügeln!«

Am liebsten hätte ich ihre 140 Kilo durchgebügelt, und zwar mit ordentlich Dampf! Wie konnte man nur so lethargisch sein? Egal, mein Wille war ungebrochen! Und wenn ich Dörte mit einem Lasten-Kran aus der Wohnung hieven müsste, ich würde sie zu dieser Party schleifen.

»Dörte, keine Widerrede. Dieses Single-Dasein ist einfach nichts für dich, und der Typ, der die Party schmeißt, sieht echt zum Anbeißen aus!«

»Anbeißen« war dann wohl für Dörte das Stichwort, jedenfalls beschloss sie in ihrer eigentümlich energetischen Art, doch mitzukommen. Das sollte ich allerdings noch bereuen! Hätte ich Dörte an diesem Abend bloß mit Günther Jauch allein gelassen …

Dörte saß mir bei der Gartenparty gegenüber und hatte die übliche »Ich-bin-zu-fett-und-weiß-nicht-warum-Platte« aufgelegt. Zum ungefähr tausendsten Mal musste ich mir die detailreiche Historie ihrer erfolglos absolvierten Diäten anhören.

»Ja, also die Hollywood-Star-Diät kannste echt vergessen, und die Weight Watchers sind viel zu teuer. Aber du, aus Amerika gibt's da jetzt was Neues. Haste schon mal von der Atkins gehört? Du, die hat auch diese René Zellweger schon probiert, und ich sach nur GERTE! Die is jetzt 'ne Gerte!«

Klar, und du garnierst deine neue Diät jetzt mit Schokolade zum Frühstück! Böse Sonya! Am besten einfach Klappe halten. Ohren halten ging ja leider nicht.

»… Sonya, ich sach dir: Morgen, da geht's los, da werd' ich …«

Plötzliche Stille! Hypnotisiert starrte Dörte in die Ferne. Was war los? Implodiert? Oder hatte sie endlich den saftigen Gastgeber Schorschie entdeckt? Nein! Falsch! Dörte entdeckte das Büfett! Kaum wurde es eröffnet, riss sie fast die Gartenbank mit sich, stürmte, so flink es ihre Stampfer zuließen, zum Ort ihres Begehrens und wuchtete sich erstmal das halbe Spanferkel auf den Teller.

Das Einzige, was ich an dieser peinlichen Szene durchaus positiv wertete, war die Ruhe, die für die nächsten fünf Minuten herrschte – von Dörtes Rekord-Schmatzen mal abgesehen. Nach einem letzten zufriedenen Grunzlaut wischte sie sich die Fettpfütze aus dem Gesicht und prostete mir freudestrahlend mit einem riesigen Fleischfetzen zwischen den Zähnen zu: »Geiles Fest! Du musst die Rippchen hier probieren. Das ist so lecker! Sag mal, gibt's denn hier nirgendwo Dessert?«

Herr, schenk mir einen Hörsturz! An diesem Tag erlosch aber auch wirklich jeder Funke Mitleid in mir!

Einen Tag später war wieder Telephone-Time. Punkt 17 Uhr (Dörte hatte sich wahrscheinlich die letzte Talkshow des Tages und drei Tüten Chips reingezogen) rappelte das Telefon. Ich hatte den Hörer kaum abgehoben, da ging es auch schon los! Dörte war noch mehr aus der Puste als sonst und schnaufte wie nach einem multiplen Orgasmus: »Sonya, ich sag nur ein Wort: Kolibakterien! Ganz klar waren da Kolibakterien in dem Spanferkel. Hast du auch so'n Durchfall? Du, bei mir war Durchmarsch, und zwar die ganze Nacht! Oh Mann, geht's mir elend.«
Kolibakterien!!! Tsss! Diese Wissenssendungen, die Dörte sich ständig reinpfiff, waren genauso schädlich wie die tägliche Ration von 5000 Kalorien. Außerdem fragte ich mich, was diese Aufregung überhaupt sollte! So ein »Durchmarsch« war in Dörtes Zustand ja nicht unbedingt das Schlechteste ...
Bevor ich dazu kam, irgendetwas in dieser Richtung zu entgegnen, sprudelte Dörte weiter: »Jedenfalls, ich brauch die Nummer von diesem Typen, der die Party veranstaltet hat. Ganz ehrlich, so was muss beim Gesundheitsamt angezeigt werden!«
Ich hatte zwei Möglichkeiten: Antworten oder Dörte mit einem Rektal-Stöpsel zu Hause besuchen. Konnte nicht lange dauern, bis sie platzte! Die Vorstellung, dass der zu erwartende Urknall womöglich jedes menschliche Leben auf diesem Planeten auslöschen könnte, bewog mich, besonnen zu handeln. Ich legte den Hörer auf mein Bett, ließ Dörte in mein Kopfkissen krähen und schickte ein Stoßgebet zum Himmel: So eine spontane Herzattacke wäre für Dörte jetzt genau das Richtige. Sie müsste ja nicht unbedingt gleich ins Gras beißen, eine vorübergehende irreparable Sprechunfähigkeit wäre durchaus ausreichend.

Als ich nach viereinhalb Stunden ausgiebigem Aggressions-Shopping in mein Schlafzimmer zurückkehrte, tutete es mir vorwurfsvoll aus dem Hörer entgegen. Ich vergewisserte mich mit einem schnellen Rückruf, dass Dörte Gott sei Dank nicht an einem Herz-

schlag gestorben, sondern putzmunter war. Und zwar SO verdammt putzmunter, dass ich drei Minuten später beschloss, mir endgültig eine Geheimnummer zuzulegen.
Dörte legte sich indes zwei andere Dinge zu: ein neues Opfer, das sie mit ihren Jammer-Tiraden quälen konnte, und eine Giga-Tiefkühltruhe mit doppeltem Fassungsvermögen.

Nur fürs Protokoll!
Ich finde dicke Menschen toll, solange sie sich selbst auch toll finden! Was aber gar nicht geht, ist konsequente Unzufriedenheit gepaart mit unglaublicher Faulheit! Dörte hat mit ihrem Rumgejammer keine einzige Kalorie verbrannt, sondern lediglich mein Nervenkostüm verheizt. Sie hat nicht ein einziges Mal wahrhaft den Versuch unternommen, ein bisschen abzuspecken, sondern es vorgezogen, sich rund um die Uhr selbst zu bemitleiden. Ist ja auch viel bequemer, als sich jeden Tag auf den Stepper zu wuchten und abends mit Magenknurren ins Bett zu gehen.

Schluss mit Selbstmitleid und dem Gejammer über Dinge, die wir nicht an uns mögen! Ändern wir's!

Das Prinzip der positiven Veränderung durch eigene Kraft lässt sich auf jedes von uns empfundene persönliche Defizit übertragen! Nehmen wir an, Sie leiden unter fatalen Bildungslücken, und dies ist ein Zustand, der Sie kontinuierlich verunsichert. Dann machen Sie sich eines klar: Nur SIE haben die Macht, Ihr »Schicksal« zu verändern!
Gar nicht so einfach, aber machbar! Mit 16 steckte ich in genau so einem Schlamassel: Ich war die Verona Feldbusch der englischen Sprache: »Hello, my name is Sonya! How are you? I love you! How do you do in the Gummischuh? Ta ta ta taaa – the end of my Wortschatz!«
Meine Klassenkameraden motzten ihre Fremdsprachenkennt-

nisse durch ein Auslandsschuljahr in den Staaten auf. Bei mir hingegen war nach dem Tod meines Vaters für so was nicht das nötige Kleingeld da, und ich blieb zu Hause. Während die anderen als English-Cracks nach Germany zurückkehrten, hangelte ich mich mühsam von einer Englisch-Fünf zur nächsten. Auch außerhalb der Schule – zum Beispiel bei meinen ersten Auslandsaufenthalten zu Modelzeiten – blamierte ich mich mit meinen desaströsen Englischkenntnissen ganz fürchterlich: »Please, give me the Vertrag in Deutsch! I can't unterschreib it ansonsten!«
Ein peinlicher Zustand, der sich ändern musste! Ich nahm mir vor, ab sofort nur noch Bücher auf Englisch zu lesen. Sollte für mich als Leseratte ja wohl »no problem« sein. Mit viel Disziplin, einem Dictionary und einem eisernen Willen kämpfte ich mich vier Wochen lang durch einen Fünfzig-Seiten-Schinken. Mein Erfolg: Eine leise Ahnung, dass es in dem Krimi wohl um einen Mord gegangen sein musste.
Beim ersten Buch tat es noch weh, beim zweiten nicht mehr so sehr. Nach einem Jahr waren Shakespeare und ich »best friends«, und ich war das »most intellectual model« der Katalogbranche.

Was ich kann, können Sie schon lange: **Planen Sie Ihren eisernen Weg der Wandlung!** Betrachten Sie persönliche Schwächen, von denen SIE SELBST (und nicht andere!) genervt sind, als Herausforderung und nicht als unabänderliches Schicksal! Sie werden sich wundern, wie viel Kraft für die Zukunft Sie aus einer erfolgreich abgelegten Schwäche schöpfen können! Ganz egal, um was es sich handelt – geben Sie nicht auf, und glauben Sie an sich und die Kraft, die in Ihnen steckt!

»Wenn ein Mann zurückweicht, weicht er zurück. Eine Frau weicht nur zurück, um besser Anlauf zu nehmen.«
Zsa Zsa Gabor

BAUMÄNGEL & SCHÖNHEITSFEHLER! AKZEPTIERE DEINE MACKEN!

Eigene Macken akzeptieren? Hat die Kraus nicht gerade was von Veränderungen, in die Hände spucken und Diäten gefaselt? Ja, hat sie! Allerdings gibt es mehrere Varianten für ein erfolgreiches Handling unserer Schwächen! Entweder:

Wir akzeptieren unsere Schwächen!
Wir arbeiten an unseren Schwächen! oder
Wir schaffen es sogar, aus unseren Schwächen Stärken zu machen!

O. k., klappt nicht bei jeder Schwachstelle, aber bei vielen! Nehmen wir doch mal das Beispiel »Mini-Brüste«: Viele Frauen empfinden ihre kleinen Knospen als Schönheitsmakel, sie glauben, weniger weiblich auszusehen! Sie sind klein, mag sein! Aber aus einer anderen Perspektive gesehen ist eine geringe Oberweite wunderschön, denn kleine Brüste werden selten zu Hängetitten mutieren! Während sich wirklich jede Frau mit Luxusbalkon irgendwann der Schwerkraft beugen muss, zeigen kleine Tittis immer steil nach oben! Na, wenn das keine Stärke ist!
Anderes Beispiel: Mal angenommen, Sie sind ein **sehr schweigsamer und introvertierter Typ**, eine Persönlichkeit, die gerade in größeren Runden kaum die Zähne auseinanderkriegt. Das können Sie selbstverständlich als Schwäche sehen und ändern, indem Sie Rhetorik- und Kommunikationsseminare besuchen. Oder Sie sehen sich mal aus einer anderen Perspektive. Seien Sie stolz darauf, wie gut Sie anderen zuhören können! Das macht Sie Ihren Mitmenschen enorm sympathisch, vor allem dem männlichen Geschlecht!

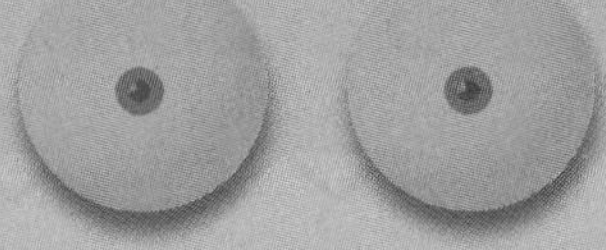

»Selten ist ein Mann so gut in Stimmung wie dann, wenn er von sich selbst erzählt.« Marlene Dietrich

Ein schweigsames weibliches Wesen ist in freier Wildbahn recht selten und kann verdammt geheimnisvoll in Männer wirken! Wenn Sie dann noch den entsprechenden melancholischen Augenaufschlag draufhaben, sind Sie eine Schwäche los und um eine Stärke reicher.

Oder nehmen wir zum Beispiel Comedy-Ikone Karl Dall! Dieser Mann wurde zur Legende! Und das, obwohl – oder vielleicht gerade weil seine Optik nicht wirklich in die Mr.-Universe-Schublade passt.

Karl Dall mag nach dem ersten Blick in den Spiegel das Gefühl gehabt haben, dass ihm zwei Möglichkeiten blieben: entweder sich für alle Zeit in den Waschkeller einzusperren, um dort sein Dasein als zweiter Casper Hauser zu fristen, oder aus seiner vermeintlichen Schwäche Kapital zu schlagen. Tja, wie wir alle wissen: Unser Dall-Ass hat sich Gott sei Dank für Letzteres entschieden und wurde mit unverwechselbarem Augenzwinkern zur Kultfigur ganzer Generationen!

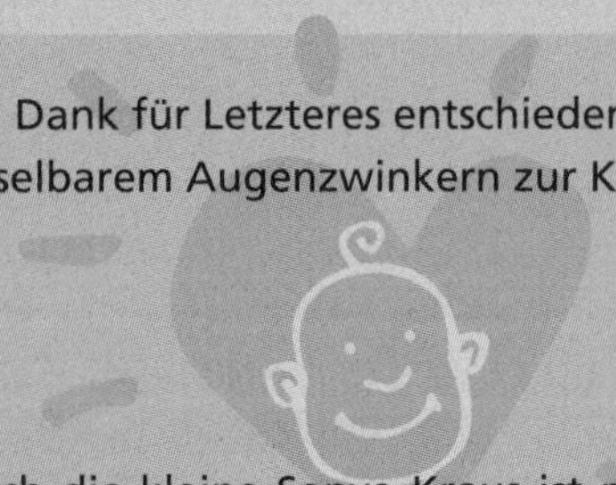

Im Übrigen: Auch die kleine Sonya Kraus ist nicht als selbstbewusster Embryo aus dem Uterus geschlüpft. Als ich 13 war, war mein zweiter Vorname nicht SEXY, sondern KOMPLEXY. Hier eine kleine Anekdote aus meiner von Angst und Akne gezeichneten Jugend:

OUTING-ANEKDOTE:

»MEIN SCHULMÄDCHEN-REPORT!«

Frankfurt/Ziehen-Gymnasium/18.6.1987/7:40 Uhr

DOOOOOOONG! Der Schulgong läutete bedrohlich den Beginn der ersten Stunde ein. Wie jeden Morgen lief ich ernstlich Gefahr, an dem überdimensionalen Kloß in meinem Hals zu ersticken. Mit meinen 13 Jahren befand ich mich in der »Blüte« meiner Pubertät und hasste die Schule! Sie war meine persönliche Definition von »Hölle«. Nicht wegen des Unterrichts – den konnte man mit der richtigen Mischung aus Humor und Gleichgültigkeit durchaus ertragen –, sondern wegen meines Mitschülers Mehmet. Seine Hobbys: tonnenweise Frikadellen-Brötchen in sich hineinschaufeln, furzen, rülpsen und unsichere, pubertierende Mädchen demütigen. Ich hatte das Glück, dass sich Mehmet auf mich eingeschossen hatte und täglich mit neuen Boshaftigkeiten auf mich wartete.

Frankfurt/Ziehen-Gymnasium/18.6.1987/7:48 Uhr

DOOOOOOONG! Der Schulgong läutete ein zweites Mal. Jetzt gab's kein Zurück mehr! Abmarsch Richtung Klassenzimmer, Abmarsch zum Schafott! Mit eingezogenen Schultern und der schwachen Hoffnung, Mehmet könnte an einer unheilbaren Magen-Darm-Grippe, der Beulenpest oder gerne auch Schlimmerem erkrankt sein, »watschelte« ich meinem morgendlichen Unglück entgegen. Übrigens – mit »watscheln« meine ich tatsächlich watscheln! Neun Jahre Ballett-Training hatten aus meinen sich mitten im Wachstum befindenden Füßen wahre Enten-Treter gemacht – Prima-Ballerina-Enten-Treter, riesengroß und immer leicht nach außen gedreht. Mir wäre das natürlich überhaupt nicht aufgefallen. Aber Mehmet! Er hatte ein zielsicheres Auge für körperliche Schwachstellen. Mit vernichtender Erfolgsquote traf er jeden wunden Punkt und hatte mich auf dieses körperliche Defizit bereits schon mehrfach charmant hingewiesen.

Und auch heute morgen wartete Mehmet vor der Eingangstür.

»Hallo Entenarsch!« Mehmet grinste sich die Mundwinkel bis hinter die Ohrläppchen und stopfte dabei schnell noch eine Frikadelle in sich hinein. »Na? Auf dem Weg zur Therapie?«

Mein Kopf hatte im Bruchteil einer Sekunde die Farbe meiner Hello-Kitty-Tasche angenommen: krebsrot mit einem leichten Stich lila.

»Therapie??? W...Wieso Therapie?«

»Na, ich dachte, du willst deine Rheuma-Knie vielleicht professionell behandeln lassen. So'n breiter Arsch braucht schließlich 'ne stabile Stütze!«

Bamm, das saß! »Rheuma-Knie«, »breiter Entenarsch« ... Und das Schlimmste war: Mehmet hatte Recht! In den letzten Monaten erlebte ich einen Wachstumsschub ohnegleichen. Wobei das Wort »Wachstum« nicht wirklich passend für meine rasanten körperlichen Veränderungen war. Der Begriff »Wucherungen« würde es besser treffen. Ich schoss mit einer Geschwindigkeit in die Höhe, als hätte man mir in einem geheimen Versuchslabor intravenös Knochen-Dünger verabreicht. Es war, als mutierte ein ehemals kleines, zierliches Mädchen zum langgliedrigen Riesen-Monster mit absurden Rundungen. Mit 13 Jahren hatte ich bereits die stattliche Höhe von fast 1,80 Meter! Meine Beine wurden länger und länger, aber kein bisschen dicker. Bis, ja bis auf meine Kniegelenke. Die wucherten an meinen Gehstelzen zu überdimensionalen Knochenschalen heran. Unterentwickelt war einzig meine Schlagfertigkeit. Also murmelte ich Mehmet kleinlaut entgegen: »Lass mich in Ruhe, ich muss zum Unterricht.«

Mein Blick klebte verunsichert auf dem mausgrauen Linoleumboden. Wie gerne hätte ich dem 1,50-Meter-Mehmet in diesem Augenblick herablassend ins Gesicht geguckt und geantwortet: »Verpiss dich, du hässlicher Gnom! Steck deine Knollennasen-Dörrfresse nicht in meine Angelegenheiten, sondern schieb deinen dicken Pavianarsch nach Hause zu Mami und Papi! Wie heißen die noch gleich? Miss Piggy und Rumpelstilzchen?«

Zu solch einem verbalen Gegenangriff fehlte mir leider der Mut beziehungsweise das Selbstbewusstsein. Ganz im Gegensatz zu Mehmet, dessen Selbstbewusstsein so stark war, dass jeder Angriff auf seine Schwächen mit einem müden Lächeln hingenommen wurde, und das, obwohl er massig Angriffsfläche bot. Mit seinen Dackelbeinen, seinem extremen Mundgeruch und einem Riesenzinken war er nicht gerade mit Schönheit gesegnet. Doch statt »Son of a Rumpelstilzchen« eins auf die hohle Nuss zu geben, stelzte »Mutanten-Sonya« mit wackeligen Rheuma-Knien gedemütigt von dannen Richtung Schulbank. Hier war mein Entenarsch sicher – zumindest für die nächsten 45 Minuten.

Der Blick in den Klassensaal war ein klein wenig tröstlicher: Ich war mit meinem Schicksal nicht allein. Meine Klasse bestand eigentlich ausschließlich aus Mädchen, die den kreativen Launen der Pubertät ausgeliefert waren: Pickel, wohin das Auge blickte, mit Essensresten gespickte Zahnbrickets und explosionsartig wachsende Brustberge, die meistens nicht wirklich zur restlichen Körperproportion passten. Wir, die Mädels der 7d, waren so etwas wie das entstellte Bündnis der Erst-Menstruierenden.

Aber ich war felsenfest davon überzeugt, von allen die größte Arschkarte gezogen zu haben. Denn mein Äußeres machte mich nicht nur zum Spielball bösartiger Klassenkameraden, sondern zerstörte auch mehr und mehr meinen damaligen Lebenstraum. Mein heiß geliebtes Ballett! Ich sah mich in Tagträumen schon auf den Brettern der Weltbühnen als gefeierte Primaballerina. Dank meiner hyperaktiven Wachstumshormone passten jedoch mein Ballett-Traum und die Realität immer weniger zusammen. Wer Ballett-Tänzerin werden wollte, sollte am besten um die 1,60 Meter sein und bitteschön komplett ohne weibliche Rundungen. Sehnig, zierlich und vorne wie hinten platt wie ein Brett – das ist beim Ballett angesagt. Schließlich können die männlichen Tänzer – meist selbst mit zerbrechlichem Figürchen – beim Pas de deux keine Riesenmutanten mit Rubensformen durch die Luft wirbeln.

Na schön! Ich musste dringend etwas unternehmen, vorher aber kurz noch sechs Unterrichtsstunden überleben.

DOOOOOOONG! Endlich – das Zeichen meiner Befreiung für den heutigen Tag. Jetzt musste ich nur noch vor Mehmet den Klassenraum verlassen, und dann konnte der angenehme Teil meines Alltags beginnen: mein sehnlichst erwarteter Ballettunterricht. Ich stopfte in Windeseile meinen Schulkram ins Täschchen, entkam dem Klassenzimmer vor Mehmet und spurtete Richtung Haltestelle. Wenn ich pünktlich beim Ballettunterricht antanzen wollte, musste ich die U-Bahn in fünf Minuten erwischen.

Wenigstens für den Kurzstreckensprint waren meine Giraffengaloschen zu gebrauchen.

Frankfurt/Ballett-Hochschule Dr. Hochs Konservatorium 18.06.1986/13:55 Uhr

Das silberne Eingangsschild des Konservatoriums funkelte in der glühenden Nachmittagssonne und zwinkerte mir wie eine verheißungsvolle Einladung entgegen. Dr. Hochs Konservatorium der Ballett-Hochschule war meine Insel der Glückseligkeit. Ein Eiland, weich gezeichnet in rosarot, auf dem mir definitiv keine Frikadellen und Mädchen verspeisende Gnome auflauerten.

Hier wartete der Grund meiner Existenz, die Berechtigung meines Daseins, die Erfüllung meines Lebens: MEIN Ballett. Während meine Schulfreundinnen mit BRAVO-Heftchen bewaffnet ins Schwimmbad radelten, um dort am Sprungbecken muskulöse Halbstarke beim Arschbomben-Contest zu bewundern, tanzte ich mir täglich vier Stunden von 14 bis 18 Uhr die Füße platt. Ich hatte nicht den Wunsch, Primaballerina zu werden, ich war besessen von dem Gedanken!

Das Konservatorium, meine Trauminsel, war bevölkert von Pirouetten drehenden zierlichen Prinzessinnen, die in ihren Tutus über glänzendes Parkett schwebten, mit direktem Kurs in eine schillernde Zukunft als gefeierte Primaballerina. Hier erblickte mein Auge nur pure Ästhetik und zarte Schönheit, außer natürlich, ich warf einen versehentlichen Blick in den Spiegel.

Als ich die Türen der Umkleidekabine öffnete, empfing mich ein Schwall vertrauten Geruchs: kalter Achselschweiß mit einem Schuss Ballettfußkäse – für mich lieblicher als jeder Veilchenduft. Ich sah zur Seite: Ein kleines zartes Mädchen im Tutu schaute mich mit großen Augen an und wisperte mit glockenklarer Stimme: »Hallo Sonya-Schatz! Beeil dich! Das Training fängt in zwei Minuten an, und du weißt doch: Die Constantiné wartet

nicht gerne!«Dann zischte das elfenhafte Wesen mit doppelter Schallgeschwindigkeit Richtung Übungssaal.
14:01 Uhr. Mist! Ein Rundumblick in die jetzt leere Umkleide zeigte mir, dass ich leider die einzige Unpünktliche war. Na großartig – der Tag verlief konsequent bescheiden. Jetzt hieß es Gas geben! Meine Klamotten flogen nur so in den Spind, und unter enormem Kraftaufwand zwängte ich mich in mein Ballett-Trikot. Die Nähte ächzten verdächtig! Sich bei fast 1,80 Meter in ein Trainingsoutfit Größe 164 zu arbeiten, war eine sehr »angespannte« Angelegenheit. Selbstverständlich hatte sich die Sportbekleidungsindustrie den Standard-Passformen einer »normal« großen Ballett-Tänzerin angepasst und stellte dieses Trikot ausschließlich in Miniatur-Größe her. Bei 164 war Schluss.
»Wer Tänzerin werden will, muss drei Regeln beherrschen: Disziplin, Disziplin, Disziplin!« – der Leitspruch unserer Professorin, Madame Constantiné, Göttin des klassisch-russischen Balletts. Jede meiner Ballett-Kommilitoninnen hätte dieses »Erfolgsmotto« noch im Vollkoma herunterbeten können. Mir blieb also nichts anderes übrig, als mich in diese verdammte Hundertvierundsechziger-Wurstpelle reinzuarbeiten.
»Un, deux, trois – Plié!« Die Anweisungen der Ballett-Professorin, die gemeinsam mit dem dumpfen Klang eines Klaviers leise durch die Wände der Umkleide drangen, waren eine ungeduldige Aufforderung. Tapfer huschte ich mit einem kneifenden Gefühl zwischen den Beinen und einem unbehaglichen Druckgefühl in der Magengegend in einen hellen Vorraum, der zum Aufwärmen diente.
»Oh, là là – sieh an, sieh an! Mademoiselle Sonya gesellt sich in ihrer unendlichen Güte auch endlich zu uns!« Über ihren Brillenrand hinweg empfing mich der strenge Blick von Madame Constantiné. Hinter ihr, an einer Stange aufgereiht, dehnten sich dreißig zierliche Beinchen, und die dazugehörenden fünfzehn Augenpaare schauten mich mitleidig an. Mein Gott, ich kam mir

vor wie ein Elefant im Bonsai-Garten. Warum waren die anderen Mädels nur so winzig? Ich überragte in diesem Raum jede um mindestens anderthalb Kopflängen, inklusive unserer Trainerin. Sofort fühlte ich mich schuldig und zog unwillkürlich meine Schultern noch ein Stückchen weiter ein, bis ich meine damals typische Buckelhaltung eingenommen hatte. Ich eilte als Glöcknerin von Notre-Dame geduckt zu den anderen und wuchtete mein Mutantenbein neben die fünfzehn zierlichen Elfen-Grätchen auf die Übungsstange.

»Un, deux, trois uuuuund Ausgangsposition!« Fünfzehn Oberkörper richteten sich auf!

»Mon dieux! Ça c'est terrible!« Ein Taktstock bohrte sich in meine Schultern. »Deine Haltung! Achte auf deine Haltung, Sonya!«

Na super! Tolle Idee! Widerwillig drückte ich meine Schultern durch und schielte unsicher nach unten – direkt in das runzelige Gesicht der Professorin, das augenblicklich noch ein wenig runzeliger wurde. Mit hochgezogenen Brauen und prüfenden Augen sah sie kritisch zu mir hoch.

»Sonya, Kindchen, bist du etwa schon wieder gewachsen?«

Hinter mir ein Kichern. Ich drehte mich um, sah zunächst nichts, und als mein Blick nach unten fiel, schaute ich in das grinsende Gesicht von Katrin, der gelenkigsten Person, der ich in meinem Leben jemals begegnet bin – und außerdem auch der ehrgeizigsten. Sie war immer eine halbe Stunde früher als alle anderen da, und wenn sie erst einmal heißgelaufen war, tanzte sie jede Kür im Turbogang und uns Mädels in Grund und Boden.

Genau da wäre ich im Übrigen gerne in diesem Moment auch verschwunden. In einem großen tiefen schwarzen Loch. Aber leider meinte es das Schicksal an diesem Tag nicht gut mit mir. Es tat sich also kein Schlund vor mir auf – abgesehen von Katrins Mund. Und der hatte ziemlich Mühe, mit dem Grinsen wieder aufzuhören. Kein Wunder! Katrins Dutt war von ihrer Mutter so streng nach hinten gekämmt worden, dass Katrins Gesichtszüge komplett Richtung Hinterkopf geliftet wurden. Der Gerechtigkeit halber muss ich allerdings zugeben, dass auch ich den Dutt damals für die größte Erfindung aller Zeiten hielt. Meine Segelohren kamen dabei idealerweise so zur Geltung, dass ich aussah wie Dumbo mit Dutt, bereit, beim nächsten Windstoß abzuheben!

Katrin schaffte es trotz ihres nach hinten gespannten Gesichts, ihre kleinen Lippen zu bewegen: »Nimm's nicht so tragisch, Sonya! Du kannst ja in unserer Gruppe den männlichen Tanzpart übernehmen!«

Unglaublich! Da versuchte doch diese kleine Mistpfütze, mich auch noch fertigzumachen. Und so stand ich also nun da: ein trauriger Godzilla im Spagat an der Stange, umgeben von einem Schwarm wunderschöner zierlicher Elfen, die langsam anfingen, ihre Giftpfeile auf mich abzuschießen. Ich musste feststellen, dass es für mich auf der Insel der Pirouetten drehenden Prinzessinnen langsam, aber sicher immer ungemütlicher wurde. Mir dämmerte, dass ich dieser Welt, zu der ich unbedingt gehören wollte, im wahrsten Sinne des Wortes entwachsen würde.

Ein paar Wochen später hängte ich mein viel zu kleines Trikot und meine Schläppchen in Übergröße zusammen mit meiner Ballett-Karriere für immer an den Nagel. Von meinem damaligen Lebenstraum blieben nur die leicht nach außen gedrehten Füße und eine kleine kahle Stelle an meinem Mittelscheitel – das Erbe eines straffen Dutts, den ich zehn Jahre lang voller Stolz getragen hatte.

Ende

Wie ich mich aus meinem damaligen Ballett-Trauma und dem Wuchertum-Dilemma befreite?

Offen gestanden, gar nicht. Ich wurde befreit! Ich war 14, hatte mein Ballett unter Tränen endgültig abgeschrieben, trug noch immer einen Dutt, wurde weiterhin täglich von Mehmet gehänselt und fühlte mich wie der unglücklichste Teenager des Erdballs. Was dann eines Abends ein guter Freund meiner Mutter zu mir sagte, hielt ich folglich auch erst einmal für einen schlechten Scherz.

»Sonya, weißt du was? Du hast echt ein hübsches Gesicht, und mit deinen Maßen könntest du …

»Lass mich raten – beim Ballett den männlichen Tanzpart übernehmen?«

»… modeln!«

Hä?! Redete der Typ mit mir? War Mamas guter Freund mit Mehmets Familie verwandt, sollte er in Mehmets Auftrag aus dem letzten Rest meines verbliebenen Selbstwertgefühls Frikassee machen?

Bald schon sollte ich erkennen, dass dieser »Typ« nicht zur Mehmet-Sippe gehörte, sondern quasi mein persönlicher »Entdecker« war. Ein Retter, der mich von meinem Dasein als hochaufgeschossener Riesen-Teenie befreite und mich dazu brachte, tatsächlich »über den Dingen« zu stehen. In jedem Fall war er der Mensch, der das magische Wort »modeln« aussprach!

Aus einem anderen Blickwinkel betrachtet, sahen mein rundlicher Hintern, die breiten Hüften, die langen staksigen Beine und meine Brüste vollkommen anders aus! Was ich drei Jahre lang für einen Fluch gehalten hatte, war plötzlich ein Segen. Ich hatte begriffen, dass meine vermeintlichen Schwächen vielleicht meine wirklichen Stärken werden konnten.

»Ich sehe nicht oft in den Spiegel. Und ich bin es leid, dass man mich als schön und dann wieder als hässliches Entlein bezeichnet. Schönheit liegt in den Augen des Betrachters.« Barbara Streisand

SCHÖN STABIL! SIND NUR BEAUTYS SELBSTBEWUSST?

Gottchen, die arme Kraus! Bemitleidenswert!
Da wollte sie klein, zierlich und unscheinbar sein und wurde – welch Unglück – zu einem wunderschönen Schwan!
Sie machte aus ihren Schwächen
»groß, blond, Arsch & Titten«
eine Stärke. Na, das ist ja wirklich ein fantastisches Kunststück!
Applaus, Applaus!
Man muss sie wirklich bewundern, diese Sonya.
Eine unglaubliche Frau, die es tatsächlich geschafft hat, auf ganz erstaunliche Weise Selbstbewusstsein zu erlangen.
Dabei hatte ihr der liebe Gott doch nicht mehr mitgegeben als eine Model-Grundausstattung!
Und dann musste sie zu allem Unglück den steinigen Weg des Laufstegs gehen, der direkt in einer TV-Moderationskarriere endete. Was für ein tragisches Schicksal!

Stimmt! Ich hatte sogar verdammtes Glück! Das bestand allerdings nicht nur darin, einem einigermaßen gängigen Schönheitsideal zu entsprechen! Mein Glück war auch, dass ich etwas fand, das mir Spaß machte und meinen Stärken entsprach!
Apropos Schönheitsideal! Wäre ich in anderen Kulturkreisen aufgewachsen, hätte mich garantiert kein Schwein auf einen Laufsteg gestellt. Von »Rubensformen« bis zur »Tellerlippe« – jede

Kultur legt fest, was schön und was hässlich ist. Das heißt:

Schönheit wird meistens von anderen definiert!

Die Modelbranche ist ein hübsches Beispiel dafür, dass auch »schöne« Menschen nur dann schön sind, wenn das irgendjemand so festlegt. Im speziellen Fall des Modelns heißen diese Menschen »Agenturchefs«. Die finden ein Model entweder:

»Ganz entzückend!«

»Ach so interessant!«

»Einen Tick zu dick!« oder

»Ein bisschen zu flach oben herum!«

Die alles entscheidende Frage ist aber: IST das Model wirklich »einen Tick zu dick«, nur, weil ein Agenturchef sagt, es SEI »einen Tick zu dick«?
Mein Lieblingsurteil aus der Modelzeit über mich lautet: »Sonya, du siehst ja ganz o. k. aus, aber mit deinem Gesicht stimmt was nicht. Es ist irgendwie schief!«
Natürlich hätte ich mein Gesicht sofort mit einem Lineal abmessen und mir anschließend für den Rest meines Lebens eine Tüte über den Kopf stülpen können. Aber die Erfahrung hatte mich gelehrt, dass die nächstbeste Agentur mein Gesicht höchstwahrscheinlich nicht »schief« sondern »spannend« finden würde.

Schönheit ist also reine Geschmackssache und ganz sicher kein Garantieschein für Selbstbewusstsein!

Dieser Groschen fiel bei mir, als ich in Frankreich mühsam mein erstes Geld auf dem Laufsteg verdiente. In Paris lernte ich ein

Model namens Celine kennen. Sie war eine echte Venus! Die personifizierte Schönheit und paradoxerweise gleichzeitig der personifizierte Selbstzweifel …

OUTING-ANEKDOTE:
»MEINE BEKANNTSCHAFT MIT DER MAGERSUCHT!«

Wir schrieben das Jahr 1992. Der Herbstwind pfiff scharf durch die blattleeren Bäume der Champs-Élysées. Ich schlug den Kragen meines dünnen Mäntelchens noch ein Stückchen höher und eilte, nur vom stetigen *Klack, Klack* meiner Absätze begleitet, durch das nächtlich glitzernde Paris. Ich war neunzehn, verdingte mich glamourös als Model, wohnte in einer schimmeligen WG und war abgebrannt bis auf die Knochen. Außerdem kämpfte ich mit einem Ungetüm, das stolz in der Mitte meines Kinns thronte – einem riesigen Stresspickel! Na großartig, ausgerechnet jetzt! Morgen hatte ich einen Vorstellungstermin für einen lukrativen Dessous-Job, und dieser Monsterfurunkel machte es sich in meinem Gesicht gemütlich. *Was um Himmels willen sollte ich bloß morgen der Agentur sagen?* »Sorry, ich habe meine Pubertät noch nicht ganz überwunden«? Oder: »Ein Pickel? Wo? Nein, das ist kein Pickel! Das ist eine Beule, die ich mir bei dem Versuch zuzog, ein kleines hilfloses Mädchen aus einem brennenden Autowrack zu retten?« Verdammt! An dem Stresspickel war sowieso nur einer, oder besser gesagt eine schuld: meine nervige Model-Kollegin Celine, mit der ich unglücklicherweise in einer WG leben musste. Nervig deshalb, weil Celine unter der

Wahnvorstellung litt, sie sei zu fett – und das bei einem grob geschätzten Gewicht von 45 Kilo, großzügig verteilt auf 1,80 Meter! Ihr ständiges Gejammer über ihre »Gewichtsprobleme« hätte jeden Normalo schon längst in den erlösenden Freitod getrieben. Das Mädel hatte wirklich Glück, dass ich Nerven aus Titan besaß.

Rue le pique No. 8. Ich war angekommen. Meine Adresse klang zwar schick, war aber echt scheiße! Das Gebäude war so schrabbelig, dass man jede Sekunde befürchten musste, es könnte mit einem lauten *Kawumm* in sich zusammenfallen und Celine, mich und meinen Pickel für immer unter sich begraben.

Während ich keuchend durchs miefige Treppenhaus in den sechsten Stock stöckelte, überlegte ich mir einen »Schlachtplan« für Mr. Monster-Pickel. Da Clearasil und Zinkpaste null Wirkung erzielten, musste ich wohl oder übel rohe Gewalt anwenden. Fraglich war nur, ob ich das Küchenmesser oder das Beil benutzen sollte!

Ein herzzerreißendes Schluchzen drang durch die verschlossene Wohnungstür und riss mich aus meinen finsteren Plänen: Vorboten eines heiteren Abends mit der unvergleichlichen Celine. Als ich in den schmalen Flur trat, empfing mich unser »WG-Raumparfum«: Es roch penetrant nach Früchtetee und Reis – keine chinesische Großraumküche hätte dagegen anstinken können. Das hatte seinen Grund: Celines Nahrung bestand ausschließlich aus Tee und Reis – wenn man bei 50 Gramm Reis und sechs Tassen Tee pro Tag überhaupt von »Nahrung« sprechen kann!

»Sonyaaaaaaaaa?«

Mir schwante Böses. »Bin gleich da!«

Vorsichtig öffnete ich die Tür ihres Zimmers. Es empfing mich ein weißes Meer aus Taschentüchern, das sich vom Boden bis über das Bett erstreckte. Darauf saß ein ins Laken eingewickeltes Häuflein Elend, das mich mit tränenüberströmtem Gesicht flehend anblickte.

»Sonya? (*grzfpf, schneuz!)* Endlich, du bist da!«

›Ja‹, dachte ich, *›und genauso schnell bin ich wieder weg!‹*

Ich schluckte. Celine sah aus wie ein Monster aus der Geisterbahn, das man in Frührente geschickt hatte. Ihre ehemals wunderschön funkelnden grünen Katzenaugen schauten mich aus tiefen, schattigen Höhlen an. Ihr Porzellan-Teint war einer Haut aus Pergamentpapier gewichen. Die hohen Wangenknochen sprengten fast das verhungerte Gesicht. Das Näschen war so spitz, als wolle sie ihr Gegenüber im nächsten Moment damit aufspießen. Das Einzige, das an Celine noch füllig aussah, war ihre enorme, feuerrote Haarpracht, die sich in wilden Locken bis über die Schultern kräuselte. Quasi so, als hätte man dem Tod höchstpersönlich eine Perücke auf den knochigen Schädel gestülpt.

»Hilfe!«

»Uhhh, es ist ... *(grpfl, schneuz)* ... so schrecklich!«

»Celine, was ist denn passiert?« Berge von Taschentüchern zur Seite schaufelnd, setzte ich mich vorsichtig zu ihr aufs Bett.

»Die *Vogue* hat mich schon wieder für die Fotostrecke abgelehnt! So 'ne Scheiße! Die haben noch nicht mal gesagt, warum! Aber ist doch klar, ich bin einfach zu fett!«

Fassungslos schnappte ich nach Luft. Celines verzerrte Selbstwahrnehmung nahm immer groteskere Ausmaße an. Aber was sollte ich ihr dazu sagen? Dass sie aussah wie ein Skelett im Minirock? Dass die einzige ehrliche Absage hätte lauten müssen: »Gut, Sie sind vielleicht ein bisschen klapprig um die Hüfte, aber für die neueste Grabmode suchen wir dringend noch ein Model«? Es war Zeit, reinen Tisch zu machen! Aber vielleicht mit einem Hauch mehr Taktgefühl ...

»Weißt du«, versuchte ich es vorsichtig, »ich glaube, du bist für die meisten Jobs momentan einfach zu ... äh ... schlank!«

Celine sah mich mit vor Wut geröteten Wangen und einem irren Lächeln an.
»Pah! Da kann ich doch nur lachen! Zu schlank? Genau! So wird es sein – zu schlank – tsss! Hier – sieh dir das an!« Sie rollte ihr grünes Top hoch und griff sich eine winzige Bauchhautfalte. »Da! Überall SPECK!«
Arme Celine! Es konnte definitiv nicht mehr lange dauern, bis man sie in einem weißen Zwangsjäckchen abtransportieren würde. Noch vor acht Monaten war Celine eine blühende Zwanzigjährige gewesen, die vor Schönheit so sehr strahlte, dass man Angst haben musste zu erblinden. Jede Frau hätte sofort mit ihr getauscht! So eine Frau hätte Selbstbewusstsein in Übermengen besitzen müssen! Wundersamerweise war Celine jedoch absolut leicht zu verunsichern. Ihr Selbstwertgefühl glich einer Waagschale, die sich in einer ständigen Pendelbewegung befand. Wenn ihr jemand ein Kompliment machte, schnellte ihr Stimmungsbarometer steil nach oben, übte jemand auch nur den Hauch einer Kritik an ihr, war sie augenblicklich am Boden zerstört.
Celines Horror-Abmagerungstrip begann mit dem Casting-Chef einer renommierten Pariser Model-Agentur, der ein Maßband in der rechten Hand hielt und Celines sensationelle Hüfte begutachtete. »93 Zentimeter ... Jap, da haben wir ein großes Problem. Ein vier Zentimeter großes Problem, um genau zu sein. Wir würden dich wirklich gerne unter Vertrag nehmen, aber vorher muss der Speck hier weg!«
Und das war für Celine keine Aufforderung, sondern fortan ein Gesetz. So hungerte sie sich in nur sieben Monaten von einer 93-Zentimeter-Hüfte auf eine 86-Zentimeter-Hüfte runter. Wäre ihr Hüftknochen nicht im Weg gewesen, hätte sie auch die Siebziger-Hürde geknackt.
Ich strich Celine eine Locke aus dem eingefallenen Gesicht und sagte leise: »Celine, was soll das? Glaubst du das, was du sagst, wirklich? Hast du in den letzten Wochen mal in den Spiegel

geguckt? Du bist nicht fett, du bist nicht dünn, du bist …viel zu dürr! Weißt du, so … wird dich niemand buchen!«
Jetzt hatten Celines zornig funkelnde Augen einen Blick, der mich ganz klar töten wollte. »Du hast leicht reden! Du hast ja auch keine Probleme! Bist immer gut gebucht, siehst immer alles positiv und hast die Weisheit mit Löffeln gefressen!«
Immerhin hatte ich etwas gefressen! Auch diese unpassende Bemerkung verkniff ich mir und sagte stattdessen beschwichtigend: »Celine! Wie oft werde ich abgelehnt! Was meinst du, was man mir schon bei Castings an den Kopf geschleudert hat? Zu breite Hüften, zu krumme Nase, zu schiefes Gesicht! Solche harten Bemerkungen darf man einfach nicht an sich ranlassen!«
Celine schwieg.
»Sieh dir mal hier meinen Mammut-Pickel an. Der ist ja wohl so riesig, dass der spätestens morgen zu sprechen anfängt. Und rate mal, was die morgen zur mir sagen. Aber ich fange doch deshalb nicht damit an, mir Batteriesäure ins Gesicht zu spritzen.«
Immer noch Schweigen. Dann zischte Celine mit zusammengebissenen Zähnen: »Geh raus! Ich will jetzt allein sein!«
Na schön, diesen kümmerlichen Aufmunterungsversuch mit der Pickelgeschichte hätte ich mir vielleicht sparen können. Es war aber auch schwierig, in so einer Situation die richtigen Worte zu finden. Celine schnäuzte auffällig laut in ihr Taschentuch und zog die Bettdecke noch ein Stückchen höher. Das war das Signal zum Rückzug! Ich schloss leise die Tür hinter mir und blieb lauschend im dunklen Flur stehen. Kein Mucks! Na, wenigstens hatte sie vor lauter Wut aufgehört zu weinen.
Nachdenklich betrat ich unser modriges kleines Bad. Ach du Schreck!!! Mein Spiegelbild riss mich aus meinen Gedanken! Wie sah das denn bitte aus?! Das konnte doch unmöglich ein Pickel sein! Ich reckte mein Kinn und das darauf rot strahlende Ungetüm Richtung Spiegellicht und wollte gerade zum Frontalangriff übergehen, als ich plötzlich eine Eingebung hatte: Der Pickel

würde da bleiben, wo er war! Jawohl! Beim Ausdrücken dieses Monsters wäre ich höchstwahrscheinlich ohnehin verblutet. Darüber hinaus musste man die Sache einfach positiv sehen. Der Furunkel war ein von höheren Mächten gesandtes Zeichen. Ein Zeichen des stillen Protests gegen sämtliche Agentur-Heinis dieser Welt. Ein Symbol der Freiheit gegenüber irgendwelchen auf Knabenkörper fixierten Oberschwuchteln, die uns Mädels allein deswegen niedermachten, weil uns unten das Dingelchen fehlte. Diesen Pickel würde ich morgen stolz zum Casting tragen. Und den ersten dummen Spruch würde ich mit einer Spontansprengung meines Furunkels bestrafen!

Und so trat ich einen Schritt zurück und grinste Richtung Spiegel. Die Blonde mit dem leuchtenden Doppelkinn und der ausladenden Neunziger-Hüfte grinste zufrieden zurück. Tja, Schönheit – selbst die Schönheit eines Augenblicks – liegt eben immer im Auge des Betrachters.

PS: Keine Ahnung warum, aber ich habe den Job bekommen!

ENDE

Was aus Celine geworden ist? Sie landete weder in einer Klinik für Essgestörte, noch machte sie eine Karriere als zweite Kate Moss. Sie tat das einzig Richtige: Sie drehte der Modelwelt den Rücken zu! Als ich Celine vor fünf Jahren im Elsass besuchte, öffnete sie mir freudestrahlend die Haustür. Sie trug einen flotten Jogging-Anzug, hatte gesunde 60 Kilo auf den Hüften und ihren vierjährigen zuckersüßen Sohnemann auf dem Arm. Nie hat Celine glücklicher und attraktiver ausgesehen als in diesem Augenblick!

Traurig, dass so viele von uns kein Selbstbewusstsein haben, weil sie sich optisch für unzulänglich halten!
Mal angenommen, wir wären mutterseelenallein auf einer einsamen Insel aufgewachsen. Glauben Sie allen Ernstes, wir kämen auf die Idee, wir seien zu fett, zu klein, zu hässlich? Ganz sicher nicht! Ohne Mitmenschen gäbe es nichts und niemanden, mit dem wir uns vergleichen, den wir bewundern oder beneiden könnten. An wem würden wir uns messen? Woher wüssten wir, was »gut aussehend« ist? Wir wüssten es gar nicht! O.k., es gäbe nicht viele Vorteile, wenn wir einsam auf einem Eiland aufwachsen würden! Aber einer der wenigen wäre, dass wir dort ohne Eitelkeiten leben könnten, weil wir uns mit niemandem messen müssten.

Dagegen existiert in unserer Mediengesellschaft die Illusion von einer perfekten Frau! Diesem Schönheitsideal eifern die meisten von uns nach. An diesem weiblichen Überwesen, das von den Medien- und Modemachern geschaffen wurde und letztendlich nur in unseren Köpfen existiert, lassen sich leider sehr viele von uns messen.
Ein Vergleich, bei dem wir nur verlieren können!
Wie dumm von uns! Warum vergleichen wir uns nicht mit Frau Meier von nebenan oder der netten Verkäuferin an der Wursttheke! Nein, Angelina Jolie muss dafür herhalten! Wir schalten die Flimmerkiste ein und vergleichen uns mit dem, was sich auf dem Bildschirm tummelt: erfolgreiche »VIPs«, natürlich alle wunderschön und immer mit einem flotten Spruch auf den formvollendeten Lippen. Wer stinkt dagegen NICHT ab???
Auch ein gutes Beispiel: der masochistische Vergleich beim Blick

in den Playboy! Nackte Brustgetiere strahlen uns lasziv entgegen, eins schlanker und dickbrüstiger als das andere. Ein abgelichteter »Super-Titten-Contest«, der unsere Männer geil und uns unzufrieden macht. Dass hier jedes Bild und vor allem jeder Körper stundenlang von Profis im Computer auf Hochglanz getrimmt wurde, steht selbstverständlich nicht dabei.

Oder wir lesen die Biographie einer Frau, die Karriere macht, gleichzeitig fünf Kinder in die Welt setzt und abends, ganz nebenbei, in ungezügelter Leidenschaft ihren Mann mit den neuesten Kamasutra-Techniken verwöhnt.

Hallo?! Aufwachen! Das ist nicht die Wirklichkeit! Die Mädels in den Medien sehen real auch nicht viel besser aus als die Wurstverkäuferin hinter der Theke. Mit Schminke, gutem Licht und zur Not auch mit dem Skalpell kann jede Frau zum sexy Girl mutieren! Mich würden Sie auf der Straße höchstwahrscheinlich auch nicht ohne weiteres wiedererkennen. Zumindest dann nicht, wenn Sie nach der Barbie Ausschau hielten, die Sie aus dem TV kennen. Bevor ich mich nämlich vor eine Kamera stelle, werde ich liebevoll getunt! Mit der Sonya aus dem wahren Leben hat das oft nur noch periphere Ähnlichkeit: angetackerte Kunstmähne, gefärbte Haare, falsche Riesenwimpern und Kontaktlinsen, Brüste, die man mir nach oben und Ohren, die man nach hinten klebt. Dann noch ein bis zwei Liter Bräunungscreme aus der Tube, und fertig ist die Kunstfigur Sonya Kraus.

Und nach der Sendung funktioniert's wie in der Haushaltswerbung: Mit einem Wisch ist alles weg! Dann bin ich wieder die echte Sonya mit Dellen am Hintern, kleinen Pickelchen im Gesicht und extremen Abstehohren. Na und? Die Welt ist eben kein Photoshop …

STEINE IM WEG? PACK DEN SCHLAGBOHRER AUS!

Menschen mit Selbstbewusstsein signalisieren: »Seht her, ich mag mich, und zwar so, wie ich bin! Mit meinen Stärken UND meinen Schwächen!« Soll heißen: Niemand – weder Sie noch ich – muss perfekt sein, um ein gesundes Selbstbewusstsein zu besitzen und damit Attraktivität auszustrahlen.

Applaus für Frau Kraus, dank ihrer weisen Worte wissen wir jetzt, dass uns Schönheit nicht automatisch selbstbewusst macht! Was dann? Selbstbewusstsein durch Erfolgserlebnisse?

Riiiiiichtig! Sie haben die volle Punktzahl erreicht! Ob wir dauerhaft tollen Sex mit unserem Partner haben, trotz Kindern und Jobstress den Haushalt meistern oder die Karriereleiter erklimmen – es gibt unglaublich viele Möglichkeiten, aus denen wir Selbstbewusstsein schöpfen können.

»Wenn eine Frau sich mit Minderwertigkeitsgefühlen herumschlägt, gibt es eine erstklassige Therapie: Sie muss sechs Wochen strikte Bettruhe halten und dabei zusehen, wie ihr Mann mit Haushalt und Kindern zurechtkommt.« Barbara Streisand

Aber Achtung: Jeder Erfolg, den Sie auf ihrem »Selbstbewusstseinskonto« verbuchen, wird von Ihrer Umwelt misstrauisch beobachtet. Neider könnten versuchen, an Ihrem Sesselchen zu sägen! Je erfolgreicher Sie sind, desto mehr stehen Sie im »Rampenlicht«. Dazu müssen Sie ihr Gesicht nicht vor eine TV-Kamera halten! Auch eine Mutter, die im Gegensatz zu ihren Bekannten völlig ungestresst den Haushalt ihrer fünfköpfigen Familie managt, oder die Abteilungsleiterin einer Firma rückt mit jeder erklommenen Stufe ihrer Karriereleiter mehr und mehr in den Mittelpunkt und wird damit zur Zielscheibe von Neidern. Stellen wir uns also darauf ein, dass die Kritik an unserer Person in gleichem Maße wie unser Erfolg zunimmt.

Meine Kritiker finden mich in der Regel »strunzdoof«, »untalentiert« oder »billig«.
Es folgt ein kleiner »Kessel Buntes« dessen, was ich schmunzelnd über mich schon in der Zeitung lesen durfte. Die Redaktion eines Regionalblatts wählte mich zum Beispiel unter die 20 peinlichsten Frankfurter:

< 17. SONYA KRAUS
FLASCHENKIND

Morgens schafft sie nur Flüssigbrei und nuckelt dazu aus der Flasche. Jedenfalls hat Deutschlands langbeinigste Handwerksgehilfin (sollen wir noch einen Lattenwitz machen? Nein? Na gut.) genau das vor laufender Kamera demonstriert. Ob dieser Infantilismus auch auf einen Geisteszustand schließen lässt, maßen wir uns allerdings nicht an zu beurteilen.

Abdruck mit freundlicher Genehmigung des JOURNAL FRANKFURT (02/06)

Auch die BUNTE ehrt mich und meine wunderbaren Outfits gerne mal mit einem Foto in der SONDERBAR-Rubrik und dem Kommentar: »Tiefe Einsichten zeugen nicht immer von großer Klugheit.«* Aha! Schade, wo mein Hirn doch in den Hupen sitzt...

Mit »Freundlichkeiten« aus FAZ, TAZ, ZEIT & WELT will ich hier erst gar nicht anfangen.

Hören wir mit dem verdammten Wunsch auf, von allen geliebt zu werden! Sehen wir ungerechtfertigte Kritik unserer Mitmenschen einfach nach dem Motto: »Mitleid bekommt man umsonst, Neid muss man sich hart erarbeiten!« Denn ...

... was stört es die alte Eiche, wenn sich die Hunde an ihr reiben?

Genießen wir, dass wir Feinde haben! Das ist letztendlich ein Lob

* zitiert aus: BUNTE, Hubert Burda Media, 49/05, Seite 104

und bedeutet: Andere zerbrechen sich ihr Köpfchen über uns! Sprich: Wir sind interessant und nicht zum Gähnen. Jede Lästerei in unserem Umfeld ist also getrost als Kompliment zu bewerten. Beweisen wir im Gegenzug besondere Raffinesse im Umgang mit unseren Lieblingsfeinden! Zurücklästern ist billig und unter unserem Niveau, seien wir stattdessen so charmant, wie wir nur können! Das macht uns unantast- und unangreifbar! Wichtig dabei: Kriechen Sie Ihren Feinden niemals in den A... Allerwertesten! Es ist nicht Ihre Aufgabe, zu jedem Preis um die Gunst des anderen zu buhlen! Noch etwas: Vergessen Sie ganz schnell den biblischen Spruch von »linker und rechter Backe hinhalten«!

Wenn Ihnen jemand wirklich ans Bein pinkelt, dann gibt es nur eine Antwort: Pinkeln Sie dem anderen ins Gesicht!

Lassen Sie sich nichts bieten! Denn jeder von uns kennt sie, die netten, liebenswerten Menschen, die keiner Fliege etwas zu Leide tun können und trotzdem immer und überall als Erstes eins auf die Glocke kriegen. Diese Opfertypen, auf die es merkwürdigerweise immer gleich die ganze Welt abgesehen hat, haben sich in diese Rolle drängen lassen und nichts dagegen unternommen. Selbst schuld!
Da gibt's nur eins: Hintern hoch, den Prügel in die Hand nehmen und Kampfbereitschaft signalisieren. Wir müssen nicht unbedingt körperliche Gewalt anwenden, um in Ruhe gelassen zu werden. Aber wir sollten zumindest so wirken, als ob wir zurückschlagen können, und sei es nur verbal. Ein forscher Gang gepaart mit einer aufrechten Körperhaltung reicht meist schon für eine Respekt einflößende Ausstrahlung.

»Die Frau von heute spricht mit dem Körper,
und viele hören ihr mit den Augen zu!« Raquel Welsh

VON HOCHDRUCKREINIGERN UND FUGENVERSIEGELUNG! DIE BAUSTELLE SEX!

Zwischenbilanz: Wenn Männer sich ihre Traumfrau nach ihrer Wunschvorstellung zusammenzimmern könnten, würde sie wie folgt aussehen:

Eine Frau mit Ausstrahlung!

Eine Frau mit Selbstbewusstsein!

Eine Frau, die seinen Jagdtrieb auslöst!

Eine Frau, die unabhängig ist und nicht klammert!

Eine Frau, die erfolgreich ist (allerdings nicht unbedingt erfolgreicher als er).

Toll wäre natürlich, wenn sie außerdem noch kochen könnte! Allerdings sind die meisten Männer bereit, hier Abstriche zu machen. Schließlich hat selbst ER mitbekommen, dass wir im 21. Jahrhundert leben, und hey, wofür gibt's Giovannis Pizza-Bring-Service?

Aber auf eins kann kein Mann der Welt verzichten: AUF GEILEN SEX!

Bevor er den einbüßt, verzichtet er lieber großzügig auf alle anderen Punkte. Wenn eine Frau der Bringer im Bett, allerdings blöd wie ein Brot ist, agiert er gerne mal nach dem uralten, abgedroschenen Motto: *»Sie ist zwar doof, aber Dumm f...ckt gut!«*

Selbstverständlich bedeutet das für uns nicht, dass wir uns sexuell unter Druck setzen lassen müssen. Denn, wie heißt es so schön in jeder guten Frauenzeitschrift: »Wenn man sich liebt, kann man beim Sex gar nichts falsch machen!« Gähn, schnarch, ratzepü! **Falsch!**

Richtig ist: Sex ist Handwerk! Es gibt Auszubildende, Gesellen und wahre Meister auf dem Gebiet der Erotik. Leider tummeln sich in dieser »Branche« aber auch viele ewige Laien. Männer UND Frauen, die von Sex keinen blassen Schimmer haben.
Beispiele für männliche Lover-Katastrophen gibt es reichlich! Angefangen beim grobmotorischen Stechfinger, der immer noch glaubt, ein Kitzler sei eine seltene Tierart, über den engagierten Tittenkneter, der unsere weiblichen Brüste für ein Kuheuter und sich selbst für eine Melkmaschine hält (Aua!), bis zum weit verbreiteten Oral-Rammler, der sich quasi an unseren Ohren festhält, wenn wir bei ihm Puste-Blume spielen. Hallo? Auch ziemlich häufig vertreten: Mr. »No-Vorspiel«, der gerne ins trockene Flussbett taucht.

DIE SEX-TODSÜNDEN EINER FRAU!
ULTIMATIVE NO-GO'S IN TRAUTER ZWEISAMKEIT!

Ladys – auch wir müssen uns hier leider mal ans eigene Näschen packen! In Sachen männliche Anatomie wissen wir Weiber oft nicht, was ihn an- und abtörnt.
Hier eine kleine Auswahl weiblicher Sex-Todsünden, die unsere Männer oft klaglos über sich ergehen lassen:

Kitzelt sie noch oder rubbelt sie schon?
Zu zaghafte Zärtlichkeiten

Fangen wir doch mit einer der einfachsten Übungen beim Sex an: seine Befriedigung durch unsere flinken Finger! Ab und zu findet er es super, wenn wir ihn mit einer »Handentspannung« umsorgen. Er kann gemütlich auf dem Rücken liegen und muss sich zur Abwechslung mal nicht sportlich verausgaben, um (ans Ziel) zu kommen.

Was können wir Mädels bei so einer einfachen Angelegenheit eigentlich falsch machen? Vor allem eins: Wir fassen sein bestes Stück oft mit zärtlichen Samthandschuhen an. Da wird gestreichelt, massiert und gerubbelt, bis der Oberarmmuskel glüht, aber er kommt und kommt einfach nicht. Kann er auch gar nicht: Er braucht Druck auf der Pumpe! Denn wenn er sich selbst den »Jürgen würgt«, packt er ziemlich feste zu!

Kleiner Tipp: Weil Menschen generell von sich auf andere schließen, verwöhnen wir unsere Kerle oft auf eine ähnliche Art, wie wir es selbst gerne hätten! Das Rollenspiel *»Die frivole Schülerin und ihr erfahrener Dr. Sommer«* kann uns da weiterhelfen. Lassen Sie sich von ihrem »Lehrer« mal zeigen, wie es aussieht, wenn er bei sich Hand anlegt! Oft können wir Frauen gar nicht fassen, mit welcher Kraft er seinen kleinen Freund malträtiert. In unseren Augen absolut verblüffend, dass er vor Schmerzen nicht von der Bettkante plumpst! In seiner Wahrnehmung genau der richtige Stimulations-Härte-Grad. Was lernen wir daraus? Kerle brauchen eine viel härtere Gangart als wir weichen Weiber.

»Männer und Frauen passen nicht zusammen ... außer in der Mitte.« Sissi Perlinger

Die Lehrerin und ihr Novize

Nachhilfe unerwünscht

Liebes-Ratgeber sind seitenweise mit Weisheiten wie diesen gefüllt:

»Sprechen Sie offen mit ihrem Partner über Ihre Wünsche, und zeigen Sie ihm, was Ihnen gefällt!«

Davor kann ich nur warnen: Attention, Attention – fiese Falle! Männer stehen zwar extrem darauf, einer Frau zu demonstrieren, wie sie angefasst werden wollen, halten aber umgekehrt überhaupt nichts von Nachhilfe! Kerle sind nämlich schreckliche Sensibelchen, wenn es um ihre Liebhaberqualitäten geht. Ein einziges falsches Wort kann ausreichen, um ihr Ego zutiefst zu erschüttern. Männer wollen auf gar keinen Fall hören, was sie im Bett besser machen könnten! Beklagen Sie sich also um Himmels willen niemals offen über Dinge, die er im Bett verbockt. Auch ein »Aua, bitte kneif mir nicht so hart in die Brust!« müssen Sie sich tapfer verkneifen! Besser: Legen Sie Ihre Hände auf seine und regulieren sie subtil seine Bewegungen. Er wird nicht schnallen, dass sie ihm gerade auf die Sprünge helfen, sondern darauf abfahren, dass sie sich selbst an die Brüste greifen. Wenn er dann die richtige Technik drauf hat, loben sie seinen sanften Händedruck! Ein sanft ins Ohr gestöhntes:

»Oh Mann, du machst mich verrückt! Du bist so zärtlich! Wo hast du das nur gelernt?«

lässt sein Ego auf Wolke Sieben schweben. Er wird Ihre Tittis fortan wie rohe Eier behandeln!
Aber Mädels, Achtung: Immer schön unauffällig erziehen! Denn unsere Männchen verunsichert es zutiefst, wenn wir ihnen Handgriffe zeigen, die sie vorher nicht kannten. Nichts ist beim Sex schlimmer für unser Schätzchen als der Gedanke, dass sein »Vorgänger« uns dieses »Handling« beigebracht haben könnte! Hier muss also ein kleiner Trick herhalten! Zeigen Sie ihm, wie Sie es gern hätten, ohne ihm das Gefühl zu geben, er hätte bisher etwas »versäumt«. Behaupten Sie einfach: »Du! Das, was du da vor

ein paar Wochen mal gemacht hast, das war der absolute Wahnsinn!« Scheuen Sie sich nicht, ihm zu *demonstrieren*, was Sie meinen! Er wird nie im Leben darauf kommen, dass er Sie so noch nie angefasst hat! Vielmehr wird er sich für einen unglaublich talentierten und einfallsreichen Liebhaber halten, der in sexueller Ekstase Dinge mit Ihnen angestellt hat, an die er sich vor lauter Leidenschaft im Nachhinein gar nicht mehr erinnern kann!

No Bock auf Blow-Job

Wenn der Blasebalg streikt

Ein Sex-Evergreen: der gute alte Blow-Job! Für jeden Mann immer noch der absolute Hit! Umso trauriger lässt er das Schwänzchen hängen, wenn ihm Frau die Mund-Massage nur am Geburtstag oder zu Weihnachten gönnt! Ein Mann, der darauf verzichten muss, sieht in seinem Liebesleben klare Defizite! Also Mädels, nicht so zimperlich sein! Mit dem Blasen ist es wie mit dem Kaffeetrinken oder Rauchen: Erst schmeckt es ziemlich gewöhnungsbedürftig, mit der Zeit wird es immer besser, und irgendwann ist man süchtig danach! Übung macht ganz klar die Meisterin! Wenn wir es dann richtig drauf haben und unser Kerlchen beim Flötensolo mit Wonne durch die Decke geht, ist das auch für uns der absolute Anheizer! Als Teenie dachte ich übrigens immer, Oralsex sei für eine Frau demütigend und devot. Von wegen! Wozu haben wir Zähne im Mund – Blasen ist Macht!

»Auch der Geist kann eine erogene Zone sein.«
Raquel Welch

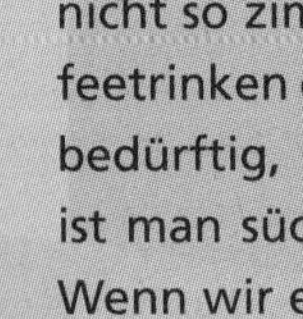

Jaaaaa, verdammt, ich bin gekommen!

Der vorgetäuschte Mitleids-Orgasmus

Mittlerweile hat es sich sogar bis zu unseren Kerlen herumgesprochen, dass auch wir modernen Mädels auf unsere Kosten kommen und den Sex mit einem Höhepunkt abschließen wollen. Die meisten Männer wünschen sich daher, eine Frau komplett befriedigen zu können! Seine Motivation ist hier allerdings weniger unser leibliches Wohlergehen, sondern seine Selbstbestätigung! Schließlich ist unser Orgasmus der Indikator für seine Qualitäten im Bett. Wenn wir nicht kommen, hat unser Schätzchen auf Dauer das Gefühl, kein guter Lover zu sein, und das stimmt ihn zu 100 Prozent missmutig. Ab und an ist es daher erlaubt, sich zum Höhepunkt zu mogeln, um ihm ein gutes Gefühl zu verpassen. Denn:

Nur ein selbstsicherer Mann ist auch ein guter und standhafter Liebhaber!

Daher ist es keine Todsünde, wenn wir ab und an mal einen Orgasmus simulieren – solange wir ihm das niemals verraten, auch nicht im Streit! Außerdem sollten wir bei unserer Darbietung unbedingt überzeugend sein – er kommt sich sonst am Ende noch komplett verarscht vor!

Die Gefahr beim Vortäuschen des Orgasmus liegt darin, dass wir irgendwann gar keinen echten Höhepunkt mehr erleben. Denn wenn Sie zu häufig scheinbar »ekstatisch« unter ihm explodieren, wird er logischerweise keine Veranlassung sehen, auch nur das Geringste beim Sex zu verändern! Fakt ist aber: Eigentlich müsste er etwas ändern, sonst wären wir ja gekommen und müssten nicht schauspielern! Sie sollten also ruhig ein bisschen egoistischer werden und es mit Ihrer Nächstenliebe nicht übertreiben. Wenn wir nicht kommen, soll er sich gefälligst ein bisschen ins Zeug legen, damit sich das ändert!

»Jeder weiß: Der Weg zum Herzen des Mannes geht nicht durch den Magen. Das wäre viel zu hoch gezielt.« Kathryn Lee

Ein Hoch auf das Original!

Wie wir bei ihm unseren Orgasmus bekommen!

Ganz einfach: mit dem Sirenen-Navigations-System! Darunter verstehen Profis eine Art »Stöhn-Navi«, die wie im Auto funktioniert. Die Lady gibt akustische Anweisungen, und er weiß, wo's langgeht.

Denn Männer brauchen während des sexuellen Aktes klare Indizien dafür, in welchem Moment wir ihre Beckenstöße besonders anturnend finden. Daher schön sparsam sein mit lustvollen Jauchzern! Setzen wir unsere Stöhnpegel unbedingt gezielt ein. Wenn es während des Sex gerade so richtig super für uns läuft, stöhnen wir, was Lunge und Stimmbänder hergeben! Ein ihm entgegengejauchztes »Oh Mann, du bist echt der Hammer!« wird noch einmal zusätzliche Energien bei ihm freisetzen. Sobald er aber einen Rhythmus anschlägt, der uns weniger befriedigt, erntet er nur konsequentes Schweigen! So kommen wir sicher an unser Ziel, den echten Höhepunkt.

»Männer lieben intensiver mit zwanzig, aber sie lieben besser mit dreißig.« Katharina II. von Russland

Reichlich reinlich!

Der Putzfimmel nach dem Rumfummeln

Einige Frauen springen nach getanem Werk direkt aus dem Bett unter den Duschstrahl. Diesen Reinlichkeitstrieb finden Männer

absolut ätzend. Und zwar nicht, weil sie nach dem Sex noch so gerne gekuschelt hätten, sondern weil sie die Duschorgie als persönliche Ablehnung gegen sich selbst empfinden. Er hat den Eindruck, dass FRAU seine direkte »Markierung« sofort wieder loswerden will, und fühlt sich dadurch weniger angenommen. Wie gesagt – Männer und ihre sensiblen Seelchen ...
Nichts turnt ihn hingegen mehr an als das Gefühl, dass FRAU einfach alles an ihm »zum Anbeißen« oder, noch besser, zum Runterschlucken findet. Wenn FRAU ihren Reinlichkeitsdrang trotz bester Vorsätze nicht unterdrücken kann, wartet sie am besten doch einfach ganz geschickt, bis er eingeschlummert ist. Wir wissen ja – das dauert in der Regel nicht lange. Putzfimmel hin oder her: Irgendwann sollten wir sowieso das stille Örtchen aufsuchen! Denn nichts beugt einer Blasenentzündung besser vor als ein Pinkelrundgang vor und nach dem Sex!

Willkommen auf dem Fischmarkt

Der Graus für jeden Feinschmecker!

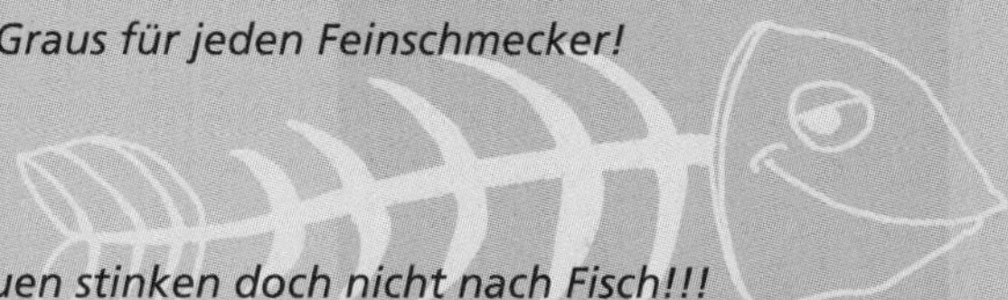

Neeeiiin – wir Frauen stinken doch nicht nach Fisch!!!
Vertragen Sie die Wahrheit?
Neeeiiin, ich auch nicht!

Verstehe einer Mutter Natur: Da sind wir, das zarte Geschlecht, ausgestattet mit unendlicher Grazie und einem formvollendeten Körper ... und dann SO WAS?! Warum duftet unsere schlecht gelüftete Schenkelzone spätestens am Abend nicht mehr nach Rosen und Veilchen? Der Sexuallockstoff, der im Geruch »herzhafte Fischbouillon« enthalten soll, lockte vielleicht den Steinzeitgatten unserer Ur-Ahnin hinterm Lagerfeuer vor

– der moderne Mann ergreift spätestens nach der ersten Höhleneroberung die Flucht!
Einigen wir uns doch darauf: Wir duften nach Sushi! Ach übrigens, Sushi sollte bekanntlich frisch serviert werden! Damit ein amouröses Abenteuer auch wirklich »'ne dufte Nummer« wird, müssen wir also vorher unbedingt noch mal nass »durchwischen«. Noch besser: Wir veranstalten direkt mit unserem Aufriss eine Schaumorgie in der Badewanne! Schließlich wollen wir ja auch nicht mit einer Nasenklammer zu Werke schreiten. Selbst in einer langjährigen, vertrauten Beziehung sollten wir am Prinzip von »Wash and Cunnilingus« strikt festhalten. Wer's allerdings mit dem Putzwahn übertreibt, zerstört die schützende »Flora und Fauna« unserer Intimregion. Für die Unter-Becken-Boden-Spülung sollte man definitiv nur Reinigungsmittel vom Profi – dem Apotheker – verwenden.

OUTING-ANEKDOTE:

»DIE MENSTRUATION ZUM DÄMLICHSTEN ZEITPUNKT!«

Et voilá, das ist sie – die absolute Sextodsünde, die »Queen aller Sexpannen«:

Die M.Z.D.Z.

Nachfolgende Peinlichkeit ist einer meiner besten Freundinnen widerfahren – ich denke, Sie haben Verständnis, dass sie lieber anonym bleiben möchte ... Taufen wir sie doch einfach mal Missi!

»Lust auf Schampus und Erdbeeren? Ich könnte uns da was Feines zaubern!«

Viktor war so nackt, wie ihn der offenbar extrem fleißige Herrgott geschaffen hatte, und strahlte. Er und der »kleine Viktor« standen direkt vor der ebenfalls vollkommen entblätterten Missi, die es sich auf Viktors Couch bequem gemacht hatte.

»Ich liebe Erdbeeren!«, hauchte Missi verführerisch und vollendete ihre Darbietung mit einem vielsagenden Augenaufschlag.

Viktor war Missis nagelneuer Love-Interest! Sie hatten sich schon einige Male getroffen, ohne dass wirklich viel gelaufen war. Aber am heutigen Abend war es Zeit für den »Durchbruch«: *Time to fuck with Viktor*. Gerade war Halbzeit – Missi hatte beschlossen, die Vorrunde vorsichtshalber zu unterbrechen – schließlich wollte sie später auch noch auf ihre Kosten kommen.

»Bin gleich wieder da!«, verabschiedete sich Viktor und drehte Missi einen unwiderstehlichen Knackhintern zu, um geschäftig in der Küche zu verschwinden.

Missi seufzte wohlig. Sie hatte das zufriedene Gefühl einer Frau, die sich ihrer Blow-Job-Qualitäten bewusst war. Viktor war während ihrer Künste geradezu über sich »hinausgewachsen«. Und gleich würde sie die Früchte ihrer Arbeit ernten und sich dem gut bestückten Viktor hingeben – das Leben war einfach wunderbar! Und diese Couch war geradezu prädestiniert für das, was sie vorhatte! Missi wippte ein wenig! War das Federkern? In jedem Fall war Viktors Couch nagelneu, mit einem flauschigen Veloursleder überzogen und strahlend weiß! Typisch Mann! Keine Frau der Welt würde sich eine weiße Couch kaufen. Egal! Missi räkelte sich und betrachtete ihre angemessen gebräunten Beine. Ja, so ein bisschen Sun aus der Tube bewirkte wahre Wunder! Sie hörte Viktor in der Küche rumoren, der sich offenbar gewaltig ins Zeug legte!

Wahnsinn, wie er sie erregt hatte. Sie war quasi »dahingeschmolzen«, und zwar ohne, dass Viktor groß Hand angelegt hatte. Noch immer spürte sie eine angenehme Wärme in ihrem Schoß. Missi, du kleines Miststück – sie schmunzelte –, wie konnte eine Frau bitte schon in der Aufwärmrunde so feucht werden? In diesem Moment fiel ihr ein, dass sie auf einer weißen Wildledercouch saß. Hupsi! Das wird doch wohl hoffentlich keinen »Wasser«-Fleck geben! Sie hob ein wenig die Hüfte, um unter ihr Hinterteil zu schielen! Zwischen ihren Beinen machte es *blub*. Missi erstarrte! Was bitte war das?! Ihr Herzschlag setzte aus! Was sie auf der Couch sah, war weit entfernt von einem Wasserfleck. Das war ein Super-Gau! Missi sah rot! Ein beachtlicher Blutfleck war gerade dabei, in das weiße Veloursleder zu sickern. Missi zwinkerte! Vielleicht hatte sie eine Halluzination! Sie war wahrscheinlich so erregt, dass sie schon irgendwelche Farbkleckse sah! Vorsichtig betrachtete sie noch mal die Stelle, auf der ihr Hintern die letzten zehn Minuten platziert gewesen war. AHHHH! Himmel, bitte, bitte NICHT! Es war tatsächlich Blut. Blitzschnelles Zyklusrechnen: Pillenpause seit ... Oh nein! Natürlich! Vor zwei Tagen war Packungs-Finish gewesen! Wie hatte sie das vergessen können? Verstand verloren? Zu blond für die Welt? In jedem Falle zu blutend für diese Couch! Ihre Gedanken rasten! Es musste blitzschnell eine Rettung her. Was würde in so einer Situation im Film passieren? Käme jetzt »General Bergfrühling« durch die Tür? »Guten Tag, ich bin der Menstruationsreiniger! Lady, machen Sie mit Ihrem hübschen Hintern mal kurz Platz! Das haben wir gleich! Bei mir haben Flecken-Zwerge keine Chance!« Von wegen Flecken-Zwerg Das war ein roter Riese!!!

»Und da bin ich auch schon wieder!«

Zack, hektisch kniff Missy die Beine zusammen! Viktor betrat gemeinsam mit einem hübsch drapierten Erdbeer-Schampus-Tablett das Wohnzimmer. In Sekundenschnelle war Missis Hintern wieder da, wo er definitiv bis zum Ende dieses Jahrhunderts hingehörte: auf dem Fleck, der sich für alle Zeit in die Couch gebeizt hatte.

»Es kann losgehen!« Viktor stellte das Tablett auf den Couchtisch und bückte sich zu Missi herunter, um ihre Stirn zu küssen. Mit einem flüchtigen Blick erkannte Missi, dass der »kleine Viktor« noch immer startklar war. ›*Ich wüsste da ein gutes Mittel gegen deine Potenz*‹, dachte sie unglücklich und drückte ihre Pobacken noch fester in den feuchten Bezug. Gleich würde sich Viktor auf sie werfen.

»Ich ... äh ... sag mal, hast du auch Eis?« Missi lächelte gequält und versuchte krampfhaft, möglichst unschuldig auszusehen!

»Eis?!« Viktor stutzte. »Speiseeis?«

»Ja, Eis. Vanille oder so.« Zeit gewinnen! Jede Sekunde war kostbar!

Viktor schien zu überlegen. »Puh! Da müsste ich schnell mal nachschauen, was meine Tiefkühltruhe so hergibt.« Er zögerte.

Wenn Viktor seinen Arsch nicht binnen zwei Sekunden zu dieser verdammten Tiefkühltruhe schleppen würde, blieb ihr eigentlich nur noch Mord.

»Ich will jetzt wirklich ein Eis!« Sie sah ihn beinahe drohend an!

Es wirkte: »Meine Prinzessin will Eis, sie kriegt Eis!« Er schmunzelte. »Und wenn ich meinen Nachbarn aus dem Bett klingeln muss!«

Ja, mach das! Geh zu deinem Nachbarn, verlass diese Wohnung, bleib am besten für immer weg! Sie hoffte inständig, dass sich in Viktors Eisfach nur Pizza befand. Viktor verschwand abermals eilig in der Küche. Denk nach, denk nach! Was sollte sie nur tun? Einfach aus der Wohnung flüchten? Mit einem Post-it neben dem Fleck: »Es war schön mit dir, aber ich habe mich spontan ins Ausland abgesetzt. Bitte such nicht nach mir, ich bin im Menstruations-Opfer-Schutz-Programm«? In dieser Sekunde hatte sie die rettende Lösung: eine Schale, Schampus und Erdbeeren. Na bitte! Es zahlte sich eben doch aus, jeden Abend Kochduell zu gucken!

»Was machst du denn da?« Viktor war schon wieder zurück! Meine Güte, warum waren Männer immer dann so schnell, wenn es keine Sau verlangte? Missy blickte in Viktors erstauntes Gesicht. Sie war gerade hektisch dabei, die Erdbeeren in der Schale mit einem Löffel zu zermantschen.

»Ich mache Bowle!« Sie verzog den Mund zu einem halbwegs glaubwürdigen Lächeln und goss schnell den Schampus in die Schale.

»Aha!« Viktor war in der Mitte des Raums stehen geblieben und beobachtete stirnrunzelnd Missis Punsch-Wahn.

»Du bist die Chefin!«, kommentierte er ein wenig skeptisch.

»Jetzt brauchen wir dringend noch Sahne!« Missi sah auffordernd zu Viktor, der immer noch ungläubig zusah, wie sie den 50-Euro-Champagner zu Erdbeerpampe verarbeitete.

»Sahne«, wiederholte Viktor monoton. Offenbar war er jetzt ein bisschen gereizt! Die »Prinzessin« verlangte also nach Sahne. Darf's sonst noch was sein? Ein bisschen Trüffel-Soufflé vielleicht? In jedem Fall war seine Lust mittlerweile in sich zusammengefallen, und es schien, als wolle er diesen Abend nicht so stehen lassen – jedenfalls wendete er sich artig ein drittes Mal der Küche zu.

»Dann also noch Sahne.« Was Viktor anschließend murmelte, konnte Missi nicht verstehen. Letztlich war ihr das zurzeit auch vollkommen schnuppe. Sie würde ihm ohnehin nie wieder unter die Augen treten. In Windeseile kletterte sie in ihr Höschen und schnappte sich die Schale mit der In-seconds-self-made-Erdbeer-Bowle. Jetzt nur keine falsche Bescheidenheit! Mit dem entschlossenen Gesichtsausdruck einer Frau, die nichts zu verlieren hat, kippte Missi den beachtlichen Inhalt direkt auf den Fleck. Die breiige Erdbeersuppe verteilte sich großzügig auf der Couch. Großartig! Zufrieden betrachtete sie ihr Werk! Viktors Idee mit den Erdbeeren musste Schicksal gewesen sein – es gab also doch einen Gott! In diesem Moment kehrte Viktor zurück – tatsächlich mit Sprühsahne bewaffnet! Alles klar! Das war Missis Einsatz: »Oh nein! Scheiße! Oh Gott, das tut mir leid! Ich bin aber auch ein Schussel!« Sie schaffte es, aufrichtig bestürzt auszusehen. (Morgen sollte sie sich dringend zu einem Casting bei *GZSZ* anmelden.)

»Oh!« Viktor schluckte, als er seine mit Erdbeerschleim verzierte Couch sah. »Das ... das ist ... nicht so schlimm. Das krieg ich schon wieder raus.« Er schien diesen Tag zu verfluchen.

Missi schnappte sich ihre Jeans. »Ich helf dir! Holst du mal eben einen Lappen oder so was?«

Und ein viertes Mal, mit hängenden Schultern und einem noch hängenderen »kleinen Viktor«, drehte sich Missis No-Night-Stand um. Mit der Sprühsahne in der Hand verschwand er Richtung Badezimmer und für immer aus Missis Leben.

»Die ideale Frau gibt es so selten wie den idealen Mann, bloß ein bisschen öfter.« Vanessa Redgrave

WAS TUN, WENN ER DIE MESSLATTE ZU HOCH HÄNGT? MÄNNER UND IHRE WILDEN SEX-PHANTASIEN!

Meine Lieben, Sie sollten unbedingt mal einen richtigen Hardcore-Porno gesehen haben. Kreative Filmtitel wie *Kolbenfressende Schlampen im Stoßverkehr, Titten-tanik – Geiler Untergang ins triefend feuchte Nass*, oder *Bumsfallera – tabulose Trompeten-Spiele* lassen nämlich nur annähernd erahnen, welche sexuellen Vorlieben hier gezeigt werden, und vor allem, in welcher Qualität und Intensität! Nix mit romantischen Kuschelsex-Szenen! Wenn's dickbusige Nymphomaninnen mit überdimensional bestückten Muskelbergen im Gelände so richtig krachen lassen, bekommen männliche Zuschauer vor lauter Begeisterung den feuchten Blick! Uns Frauen schießen dann zwar ebenfalls Tränen in die Augen, aber auch nur, weil der gezeigte Sex schon beim Zuschauen richtig weh tut. Von 25-Zentimeter-Prügeln sandwichmäßig gepfählt zu werden und gleichzeitig die doppelte Schwertschluckerin zu spielen, kann beim besten Willen nicht angenehm sein! Und spätestens dann, wenn sich die »Schauspielerinnen« auf dem Höhepunkt ihrer akrobatischen Sexnummern in künstlich verzerrter Stimmlage um den Verstand stöhnen, tut's auch noch so richtig in den Ohren weh.

Aua! So hätten's unsere Jungs also gerne, wenn wir Mädels sie nur ließen. Tun wir aber nicht!

Da der gewöhnliche Mann das weiß und keinen Ärger in der Hütte riskieren will, werden die Hardcore-Filmchen meistens heimlich konsumiert. Häufig haben unsere so harmlos wirkenden Schätzchen ein gut funktionierendes Netzwerk (Kumpels, Arbeits- und Vereinskollegen) aufgebaut, in dem in trauter Runde die neuesten Sex-Streifen besprochen und gerne auch als Raubkopie weitergegeben werden.

Falls Sie das bisher noch nicht wussten, können Sie ja mal die DVD-Sammlung Ihres Partners untersuchen. Meistens sind die Filmchen auf *den* DVDs, die nicht beschriftet sind! Auch die Festplatten von Computern und Laptops bergen meist einige süße Geheimnisse.

Das alles ist ja an sich nicht wirklich schlimm! Frau muss auch »gönne könne«! Sollen unsere Jungs doch ihre kleinen Geheimnisse und ihren Rubbel-Spaß haben.

»Was den Sex betrifft, ist der Mann von Natur aus ein Tier. Ich hatte immer meine besonderen Haustierchen.« Mae West

Nur auf eins sollten Sie gefasst sein: Ihr Knuddelbärchen könnte – dank überdosiertem Pornokonsum – eines Tages an extremem Realitätsverlust leiden und das heimische Bett mit einem Filmset

verwechseln. Denn viele unserer Dummerchen glauben, was sie in der Glotze sehen! Nach dem Motto: »Wieso? Gina Wild ist auch privat so geil!« Zum Turbo-Hengst mutiert, biegt er Ihnen dann beim Beischlaf die Beine hinter den Kopf, weil er eben auch mal »mitten drin statt nur dabei« sein möchte.
Wie es der Teufel so will, fällt mir dazu ein nettes Anekdötchen aus meinem Lotterleben ein:

OUTING-ANEKDOTE:

»GEFESSELT, NACKT UND WEHRLOS!«

Es war in einer lauen Sommernacht, Downtown Frankfurt City. Unter mir kühle Satinbettwäsche, neben mir flackernde Kerzen im Dutzend, und auf mir ... nun ja, nennen wir ihn einfach Bill. Kurzbeschreibung gefällig? Hier die wichtigsten Facts: Bill war beautiful, aber ein bisschen blöd in der Birne. Nicht gerade ein Kerl, mit dem man auf philosophischen Tiefgang gehen konnte, doch das perfekte Opfer für ein schmuckes Affärchen. Gott hat vielleicht ein wenig an Bills Gehirnmasse gespart, war dafür aber umso großzügiger mit seinem restlichen Körper umgegangen. Dieser Mann hatte den gepimptesten Brustkorb aller Zeiten! Und sein Gesicht erst! Wenn dieser putzige Proll die Klappe hielt, war er einfach nur niedlich! Ich hatte ihn drei Tage zuvor in meiner Stamm-Bar kennen gelernt, als ich gerade dabei war, meine letzte Beziehung zu »verarbeiten«. Bill war Aspirin für meinen Herzschmerz. Kurz einwerfen, auf die Nebenwirkung pfeifen und den Kopf wieder klar kriegen! Und genau damit war ich in jener Sommernacht auf Bills Satinbettwäsche in Downtown Frankfurt City beschäftigt!

Volle, göttlich geschwungene Lippen berührten die meinen. Ich dachte nur noch eins: ›*Bill, ich will!*‹ Er küsste unschuldig, beinahe schüchtern die Innenseite meiner Arme. Oh Gott! Eindeutig, er hatte sie gelesen, die Rubrik »Der perfekte Liebhaber« in der Cosmopolitan. Konnte so viel Glück Wirklichkeit sein? Er war der Leibhaftige, der, von dem die Legenden erzählen, er sei »God's gift to women – ein Geschenk des Himmels«. Und ich durfte mich mit dem einzig lebenden Exemplar vergnügen.

Im Hintergrund hörte ich Sades Smooth Operator, der perfekte Song für diese Nacht. Mein »smooth operator« tat unterdessen das, was er offenbar am besten konnte: Er verdrehte mir den Kopf! Sanft hob er meine Arme, sie waren Wachs in seinen Händen. Ich hauchte ihm völlig verfallen entgegen: »Oh mein Gott, du bist einfach wunderb...«, als ich von einem Geräusch unterbrochen wurde.

KLICK!

Was war das? Hatte mein Gehirn einen lustvollen Aussetzer? Hing die CD? Nein, es war definitiv etwas anderes, das hing: ich – und zwar gefesselt am Bettgestell.

»Die sind original von den New York Cops, geil oder?«, grinste Bill mir stolz ins Gesicht. Seine Begeisterung war grenzenlos – ich war fassungslos. Hinter Bills anfänglichem Weichspülerprogramm steckten offenbar Hardcore-Absichten. Schien so, als solle das Ganze im Schleudergang für mich enden. Meine Unterwäsche war jedenfalls blitzschnell wieder schranktrocken.

Bill hingegen kam jetzt erst richtig in Fahrt! Er hielt sich anscheinend für unglaublich erotisch, als er mir entgegenraunte: »Du bist jetzt in Beugehaft wegen Erregung öffentlichen Ärgernisses! Bist du artig, oder willst du meinen harten Schlagstock spüren?«

So viel zum Thema »Bill the Pill«. Von wegen Aspirin für meinen Herzschmerz ... Der war ja schlimmer als jeder LSD-Trip! Na schön, am besten erst mal mit Plan A versuchen: Charme! Ich bekam ein gezwungenes Lächeln zustande, mit dem ich höchstwahrscheinlich aussah wie eine Frau nach einem Schlaganfall: »Äh, Bill, das ist nicht so ganz das, worauf ich stehe ...«

Das beeindruckte Bill nicht im Geringsten. Sein schmachtender Blick war verschwunden, stattdessen glotzten mich zwei lüsterne Vampiraugen an.

»Du geile ungezogene Schlampe! Du machst mich echt scharf, weißt du das?«

Alles klar, ich war im falschen Film! Eigentlich hatte ich eine Karte für »So was wie Liebe« geordert. Stattdessen war ich im Pornokino gelandet. Heute im Programm: *Fickfidele Fesselspielchen.* Fragte sich nur, wie meine Filmpremiere enden würde. Mit einer »After«-Show-Party? Bitte, dann eben Plan B:

»Ich geb dir zehn Sekunden, dann sind die dämlichen Dinger ab, du Vollidiot!« Meine Stimme war so kalt, dass selbst mir das Blut in den Adern gefror. Ach nein, falsch, die Handschellen schnitten mir lediglich die Blutzufuhr ab.

Haaaallo, ging's noch?! Was war das in seinem Blick? Verwunderung? Irritation? Welchen Teil von »Ich geb dir zehn Sekunden, dann sind die dämlichen Dinger ab, du Vollidiot!« hatte er nicht verstanden?

Herrje, man sollte ganz einfach nicht mit Männern vögeln, deren IQ kleiner ist als die eigene Schuhgröße.

Zu allem Überfluss versuchte es Bill jetzt mit einer Weisheit, die er mit ziemlicher Sicherheit kürzlich im Playboy aufgeschnappt hatte. Er sagte: »Mensch, Sonya, jetzt lass dich doch einfach mal fallen!« Hurra! Da war er! Mein Lieblingsspruch!

Zwei Minuten und drei Ohrfeigen später ließ ich tatsächlich etwas fallen, und zwar ihn, wie eine heiße Kartoffel. Hoch erhobenen Hauptes verließ ich seine Wohnung – in meiner Tasche ein Edelstahl-Souvenir aus New York, in meinem Kopf nur ein Gedanke: **KILL BILL!**

Überrascht? Nach dem Motto:

»Was?! Die Kraus? Im Fernsehstudio steht se halbnackt und lässt die Maulhure raushängen, und dann flippt se aus, wenn mal einer mit ein paar Handschellen anrückt?«

Sorry, Mädels, Handschellen symbolisieren für mich Freiheitsberaubung, und meine Freiheit ist mein höchstes Gut! Und außerdem bin ich nun mal kein Fetisch-Fan – Schuhe natürlich ausgenommen! Wenn mein Bill mich vorher nach einer schriftlichen Genehmigung gefragt hätte, wäre die Situation ganz bestimmt nicht so eskaliert.

Grundsätzlich gilt: Als ungewolltes Versuchsobjekt für wilde Sexspielchen herzuhalten, geht beim besten Willen nicht. Einfach vorher mal dezent nachfragen ist in diesem Fall angesagt! Aber bitte nicht schon beim ersten Rendezvous!

Für mich gilt: Wenn in Beziehungen beide die gleichen sexuellen Vorlieben haben, sind der Phantasie fast keine Grenzen gesetzt. Aber dazu gehören Vertrauen und Respekt vor dem Partner.

Ein kleiner Tipp für alle Männer, die sexuell ganz hoch hinauswollen: Wer aufs Bergsteigen steht, sollte zunächst mit uns den Feldberg erklimmen und erst dann die Rocky Mountains besteigen. Mit kleinen gefühlvollen Trippelschritten bringt ihr uns nämlich auf dem Glatteis der sexuellen Gelüste am sichersten ans Ziel. Vielleicht kommen wir Weiber ja dann sogar auf den Geschmack und können eure Vorlieben mit »echter« Begeisterung teilen! Schließlich sind wir Mädels in keinem Fall abenteuerunwillig!

Machen wir uns nichts vor, guter Sex ist nicht nur für Männer in der Beziehung die halbe Miete. Ab und an mal einen Blick über den Tellerrand zu wagen, macht uns Frauen noch lange nicht gleich zur Schlampe.

»Je älter man wird, desto mehr liebt man das Anstößige.«
Virginia Wolf

Mal ganz ehrlich: Wir Mädels ahnen – beziehungsweise wissen – ganz genau, dass sich fast jeder Mann im Bett auf Dauer kein braves Mädel, sondern ein temperamentvolles Luder wünscht. Ich bin mir absolut sicher: Für unsere Liebsten und ihr Ego gibt es nichts Schöneres, als wenn sie uns als die großen »Sex-Experten« zumindest einen ganz klitzekleinen Ausschnitt ihrer sexuellen Phantasien näherbringen dürfen. Und wer weiß, vielleicht setzen wir dann sogar gemeinsam zu unerwarteten und nie gekannten Höhenflügen an.

GEHEIM TIPP!

DER SEX-INSIDER – LIEBESERKLÄRUNG AN DEN SCHWULEN FREUND!

Jede Frau von heute sollte einen haben! Einen rosarot verzauberten Prinzen, den »Frau« hemmungslos küssen und knuddeln kann, ohne dass er zum Frosch wird und uns sofort anspringt. Er ist unser gepflegter Fels in der Brandung, an dessen enthaarte zarte Brust wir uns schmiegen können, wenn wir »die bösen Männer« mal wieder verteufeln.

Selbst auf einer Party gibt es keinen besseren Begleiter an unserem Arm als einen schwulen »Walker«. Da kann sogar das teuerste Gucci-Täschchen nicht mithalten!
Das Wichtigste aber: Unser schwuler Schatz ist ein Mann! Er weiß also genau, wie dieser Körper mit Wurmfortsatz funktioniert, und hat zusätzlich noch Sex mit Männern! Doppelbingo! Ein Freund im feindlichen Lager! Ein Spion, der liebend gern bei einem Gläschen Prosecco die intimsten Männergeheimnisse ausplaudert! Unsere Schwüppchen schwatzen genauso gern wie wir schamlos über Sex! Da unsere schwulen Schnuckelchen sexuell meist sehr aktiv sind (sind eben doch Männer), können sie auf einen Erfahrungsschatz zurückblicken, der eine Nymphomanin neidisch machen würde. Diese kostbare Datenbank kann jede Frau kinderleicht anzapfen: Ein kleiner Plausch über das Thema »Beschnitten oder unbeschnitten« – Codewort »Schwanz« –, und Sie sind drin. Jetzt gilt: keine Hemmungen! Alles, was Sie jemals über Männer wissen wollten, und sei es noch so »Pfui!«, können Sie nun ganz ungeniert abrufen. Surfen Sie vom Prostata-Chat zum Dark-Room-Forum, und Sie werden von unseren schwulen Freunden lernen, was Sex für Männer wirklich bedeutet. In diesem Sinne: Ein pimmelhoch jauchzendes Halleluja auf unsere heiligen Helfer: die Homos!

»Wahre Liebe existiert nur zwischen heterosexuellen Frauen und schwulen Männern.« Sonya

PFUSCH AM BAU! WER BRAUCHT SCHON TREUE?

Ich stelle eine kühne Behauptung auf: Jede Frau jenseits der 30 ist in ihrem Leben mindestens einmal betrogen worden. Einige von uns wissen davon bis heute nichts, andere mussten der Wahrheit irgendwann direkt ins hässliche Gesicht blicken. Bei mir war es mit 23 soweit! Ich war mit einem Kerl namens Georg zusammen. Er war rothaarig, mittelmäßig sexy und besaß einen Erotikfaktor von minus eins. Im Bett war er ungefähr so kreativ wie ein Beamter beim Abstempeln einer Meldebescheinigung, und sein Penis hatte die Größe einer Spreewaldgurke (Sie wissen schon, das sind die kleinen Dinger im Glas!). Allerdings machte sein unübertroffener George-Clooney-Charme einiges wieder wett. Georg war dermaßen zärtlich und einfühlsam, dass er glatt als schwul durchgegangen wäre. In jedem Fall war ich von seiner Aufrichtigkeit überzeugt und hielt ihn für unglaublich NETT und EHRLICH. Bei der Frage, ob mir dieser Mann treu ist, hätte ich mir glatt das linke Händchen abhacken lassen. Tja, Georg war der klassische Wolf im Schafspelz. In meinem rothaarigen Clooney-Verschnitt hatte ich mich komplett getäuscht.

»Bedauernswert die Frau, die nichts zu bereuen hat.«
Jeanne Moreau

Und wie so oft im Leben brachte ein dummer Zufall diese Tatsache ans Licht. Hauptdarsteller in dem nun folgenden Erotik-Thriller á la *Eine verhängnisvolle Affäre* sind: mein Hund Togo (Gott hab ihn selig), ein Vibrator und ich.

OUTING-ANEKDOTE:

»WIE EIN VIBRATOR MEINE LIEBE ZERSTÖRTE!«

Es war an einem schwülwarmen Samstagabend mitten im Mai 1995. Georg hatte mich und seine beiden Kumpels Mattis und Toni zu einem kleinen Sit-In eingeladen, um seinen 27. Geburtstag nachzufeiern. Wir quetschten uns also zu viert in Georgs schuhschachtelgroße Behausung, die er in einem Anfall von Größenwahn als »Wohnung« bezeichnete, und genehmigten uns zum Sound von Café del Mar ein paar selbst gemixte Cocktails. Mein Hund Togo, den ich ebenfalls im Schlepptau hatte, suchte zwischen unseren acht Beinen verzweifelt nach einem freien Plätzchen und ließ sich schließlich widerwillig zu meinen Füßen nieder.

»Wer will noch einen?« Georg hatte sich stolpernd bis zur Wohnzimmertür durchgekämpft und hob fragend ein leeres Glas in die Höhe.

»Hau mir mit diesem Teufelszeug ab!« Toni lachte. »Davon wird man garantiert blind! Ich bin jedenfalls jetzt schon dicht!«

»Für mich noch einen Sex on the Beach!« Anzüglich grinsend reichte ich Georg mein Glas und zwinkerte ihm vielsagend zu. »Und wenn deine zwei süßen Kumpels hier endlich weg sind, hab ich noch 'ne Sonderbestellung! Sex on the Bed.«

Ich erntete ein anerkennendes »Hohoho!« von Toni und einen bewundernden Blick von Mattis. Ja, ich wusste eben, wie man Kerle scharfmacht!

»Wird gemacht!« Georg warf mir eine Kusshand zu und verschwand in seine zwei Quadratmeter große Kochnischen-Küche.

Oje, meinem Lover war echt nicht zu helfen! Da machte ich ungemein erotische Anspielungen, und was war seine Antwort? Eine Kusshand! Ich seufzte. Mein Vorhaben, Georg in eine Sex-Granate zu verwandeln, würde höchstwahrscheinlich scheitern. Sollte ich den Mann jemals heiraten, würde ich ganz klar in der Missionarsstellung sterben, und zwar vor Langeweile. Egal – dafür war er süß! Das war ja auch schon viel wert.

Während Georg mit seinem Cocktail-Mixer kämpfte, zündete sich Toni einen Joint an, der die Größe einer Flüstertüte besaß. Mit einem vorwurfsvoll feuchten Niesen sprang Togo auf seine vier Pfoten und schüttelte sich kräftig.

»Sitz!« Ich beugte mich zu ihm runter und tätschelte aufmunternd Togos Hinterteil. Mein Hund ignorierte mich. Offenbar hatte irgendetwas unter Georgs Bett sein Interesse geweckt. Krampfhaft versuchte Togo, seinen Kopf unter das Bettgestell zu zwängen, was bei seinem Panzerschädel gar nicht so einfach war.

»Aus, Togo! Mach jetzt Platz! Sofort!« Ich zog meinen mittlerweile hysterisch schnüffelnden Hund am Halsband zurück. Das veranlasste Togo, wie ein irre gewordenes Karnickel am Bettgestell zu kratzen. Was war denn in den Hund gefahren? Gegen Tollwut war er frisch geimpft! Ich blickte zu Toni, der mit halb geschlossenen Augen breit zu uns rübergrinste. Er stieß, prustend vor Lachen, eine beachtliche Rauchwolke aus, um anschließend beinahe an einem Hustenanfall zu ersticken.

»Jetzt mach mal dieses dämliche Ding aus!«, sagte ich streng. »Ich hab keine Lust, nachher einen völlig bekifften Hund nach Hause zu schleppen!«

»Quatsch, das macht doch dem Hund nichts aus!« Mattis setzte sich auf den Fußboden zu Togo, der immer noch im Schnüffel- und Kratzwahn war. »Der hat was unterm Bett gerochen. Wahrscheinlich die Socken von deinem Süßen!«

Togo bellte bestätigend und kämpfte sich robbend Richtung Bett vor.
»Was treibt ihr denn da?« Neugierig steckte Georg seinen Kopf durch die Wohnzimmertür. Er war über und über mit einer undefinierbaren rosa Flüssigkeit besprenkelt und hielt seinen ramponierten Cocktail-Mixer in der Hand.
»Sonyas Köter hat deine Käsetreter unterm Bett gewittert!«, erwiderte Mattis. »Der ist von deinem betörenden Fußaroma schon ganz rollig!«
In diesem Moment entglitt mir Togos Halsband. Mein Hund schoss in geduckter Haltung wie ein Torpedo unters Bett. Der Lattenrost krachte bedenklich. Die Matratze schien zu tanzen, und von meinem Hund war nichts mehr zu sehen. Dafür konnte man ihn aber umso besser hören, und zwar ein lautes Schmatzen und Knacken!
»Togo, was machst du da?« Ich legte mich bäuchlings vor dem Bett auf den Boden und schielte ins Dunkel. Viel war – außer dem wild wedelnden Schwanz meines offenbar wahnsinnig gewordenen Hundes – nicht zu sehen.
»Togo, komm her!« Ächzend fischte ich mit meinem Arm unters Bett ins Dunkel und versuchte, Togo am Halsband zu greifen. Nach ein paar verzweifelten Anlaufversuchen erwischte ich ihn schließlich und zog den sich sträubenden 45-Kilo-Togo Zentimeter für Zentimeter unter dem Bett hervor. Seine Krallen stemmten sich trotzig ins Parkett und hinterließen ein paar stattliche Kratzer. Kurz bevor ich mir die Schulter ausrenkte, hatte ich mein »braves Hundilein« vollständig hervorgezogen. Und ganz offensichtlich nicht nur ihn! In seiner Schnauze steckte ein rosa Knochen, an dem ein paar Woll-Fussel klebten! War das ein Knochen? Es sah mehr aus wie ... Doch Tollwut-Togo dachte gar nicht daran, uns am Anblick seiner heiß begehrten Beute teilhaben zu lassen. Entschlossen hüpfte er über die Beine eines verwunderten Mattis und verkrümelte sich mit seinem eben geborgenen

Schatz unter den Esstisch. Dort ließ er sich zufrieden nieder, um bedächtig an seinem undefinierbaren Knochen-Ding herumzukauen.

»Was ist das?« Toni kniff die Augen zusammen.

»Ich habe keinen blassen Schimmer«, murmelte ich und krabbelte vorsichtig Richtung Tisch. Togo wedelte mit dem Schwanz und schmatzte dabei genüsslich. Kaum hatte ich mich ihm auf zwanzig Zentimeter genähert, spannten sich seine Muskeln zum Sprung. Er schien nicht gewillt zu sein, mir seine kostbare Delikatesse kampflos zu überlassen.

»Feiner Togo!«, flüsterte ich einschmeichelnd. »Was hast du denn da Leckeres?«

Um seiner Unnachgiebigkeit sicherheitshalber Nachdruck zu verleihen, biss Togo noch fester zu. Es machte Klack! Und plötzlich fing das Ding in Togos Schnauze an, mit einem kräftigen Summton zu vibrieren. Verdutzt ließ Togo seine Beute fallen und betrachtete erstaunt den rosa Knochen, der in winzigen Sprüngen über den Fußboden hüpfte. Ich stutzte! War das ...? Konnte das ...? Mit einem blitzschnellen Griff hatte ich den sonderbaren zuckenden Gummi-Knochen beschlagnahmt. Togo protestierte bellend und versuchte aufgeregt hüpfend, seinen Fang zurückzuerobern. Ich betrachtete das ruckelnde Ding in meiner Hand. Es verschlug mir fast die Sprache! Auch Mattis und Toni starrten mit offenem Mund und einer Mischung aus Verwunderung und Neugierde auf das, was mein Hund unter Georgs Bett geborgen hatte. Toni lachte schallend: »Hey, Mann, das ist ja geil! Ist das ein Vibrator?«

Welch eine kolossale Denkleistung. Einen tosenden Applaus bitte! Kandidat Toni hat die Millionenfrage geknackt. Antwort A ist richtig: Ja, das ist ein Vibrator! Nur, »geil« war das ganz und gar nicht! Denn: Das war nicht EIN Vibrator, und es war auch nicht MEIN Vibrator, den Togo unterm Bett gefunden hatte. Ich blickte zu Georg, der die ganze Zeit mit Mixer und versteinerter

Miene wie angewurzelt im Türrahmen gestanden hatte. Er war genauso pink im Gesicht wie der Vibrator in meiner Hand. Ein pinkfarbener, ziemlich geschmackloser Hello-Kitty-Vibrator! Ein pinkfarbener, geschmackloser, mir aber sehr wohl BEKANNTER Hello-Kitty-Vibrator.

Kurzer Rückblick: Diesen Hello-Kitty-Vibrator, der sich feucht in meiner Hand befand, hatten meine Mädels und ich höchstpersönlich in einem abgefahrenen Sexshop in Thailand erstanden, um den »Glücksbringer« zu verschenken. Und zwar an eine Freundin: Jil! Sie war die Nymphomanin in unserer Clique und erheiterte unsere Mädels-Runden stets mit erotischen Kurzauszügen aus ihrem wilden Sexleben. Dankbar verzierten wir liebevoll unser passendes Spaß-Präsent mit einem kleinen Kärtchen. Darauf stand:

Für rosa Notfälle! Wenn du sogar mit unserem Lieblingskätzchen Kitty kommst, dann bist du krass! Happy Birthday, liebe Jil! Lass es krachen, deine Mädels!

So viel war klar: Jil war krass. Sie hatte sich Hello Kitty in rosa reingepfiffen, und ganz offensichtlich war ihr dabei mein George-Clooney-Verschnitt zur Hand gegangen. Mein handzahmer 08-15-Lover, der König des Kuschelsex! Meine Güte – bis dato war ich überzeugt gewesen, dass Georg bereits die Missionarsstellung für eine abenteuerliche Sexpraktik hielt.

Mit einem lauten *Tock* ließ ich den Vibrator angewidert auf den Boden plumpsen. Kittys rosa Eichel-Köpfchen blickte mit unschuldigen Knopfaugen nach oben. Das war ja ekelhaft! Kaum

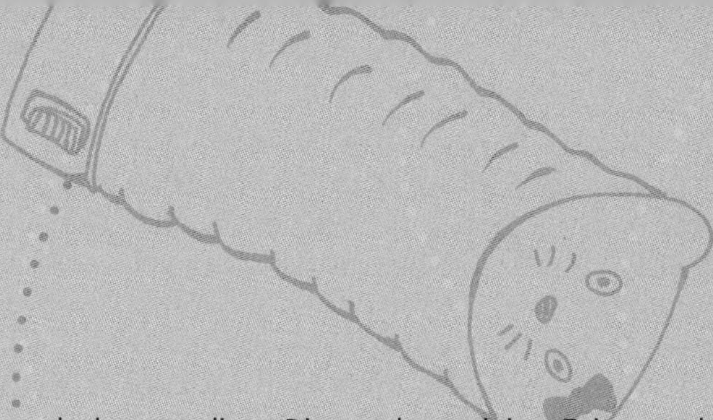

auszudenken, wo dieses Ding noch vor einiger Zeit gesteckt hatte. Togo fand den Katzen-Stimulator alles andere als widerlich! Haps – und er hatte das Ding wieder zwischen den Zähnen. Genießerisch schleckte er Rüttel-Kitty von oben bis unten ab! Alles klar! Damit war nicht nur mein Verhältnis zu Sex, Hello Kitty und meinem Trüffel-Tier Togo wohl bis ans Ende meiner Tage gestört.

In Georgs Wohn-Schuhschachtel herrschte indes eisige Stille. Sogar der vollkommen bekiffte Toni hatte geschnallt, dass im wahrsten Sinne des Wortes »Bad Vibrations« in der Luft lagen.

»Was macht dieses Ding unter deinem Bett?« Meine Stimme klang wie ein drohendes Fauchen. Sogar Togo unterbrach für einen kurzen Moment seine hingebungsvolle Schlabber-Orgie.

Georg glotzte verwirrt auf den Boden. »Ach das … Ich hab keine Ahnung …! Der muss wohl …«

»… aus Jils Muschi direkt hinter dein Bett geflutscht sein, was?« Ich funkelte Georg zornig an. Mattis konnte sich ein Lachen nicht verkneifen, verstummte aber augenblicklich, als mein vernichtender Blick ihn traf.

»Togo! Hierher!« Ich schnappte mir die Leine und eilte Richtung Tür. Mein Hund sprang augenblicklich auf die Beine und stolzierte mitsamt seiner neuen rosa Errungenschaft an Toni, Mattis und dem immer noch wortlosen Georg vorbei. Für meinen Hund war der Tag ja scheinbar Bombe gelaufen. Ich hingegen war kurz davor zu explodieren!

Vier Tage später war meine Wut einigermaßen verraucht, mein Durst nach Rache hingegen erwacht. Was Georgi-Boy anbetraf, beschloss ich, gnädig zu sein. Letztlich war dieser erbärmliche Wicht nur bemitleidenswert, er hatte die beste Frau seines Lebens verloren! Ich erzählte jedem, der es nicht hören wollte, dass Georg wenig mit George Cloony, dafür aber viel mit George Michael gemein hätte und tatsächlich ein verkapptes Schwulchen sei, das sein Outing einfach nicht auf die Reihe bekam! Das würde auch erklären, warum er mit diesem nymphomanen Mannsweib Jil in die Kiste stieg. Und schließlich war die Frage, wer WEM den Kitty-Vibrator »einverleibt« hatte, nach wie vor offen …

Aber auch Jil würde nicht ungestraft davonkommen! Wir waren hier schließlich nicht beim *Denver Clan* oder bei *Melrose Place*, wo jeder Kerl mal eben so durch die Girl-Gang gereicht werden konnte. Mit einem boshaften Lächeln im Gesicht war ich soeben dabei, die Vibrator-Kitty in durchsichtige Geschenk-Folie einzuschlagen. Togo saß zu meinen Füßen und verfolgte mit sehnsüchtigem Blick jede Bewegung meiner Hände. Der Adressat meines Präsents: Jils Eltern! Zwei durch und durch sympathische Menschen. Er: ein erzkonservativer Professor der Literaturgeschichte, sie: Leiterin des katholischen Kirchenchors und hauptberuflich Heimchen am Herd. Ach ja: Mein Geschenk würde mit Sicherheit bombig bei den beiden ankommen! Togo leckte sich die Lefzen und winselte protestierend, als das Päckchen knisternd in einer Papiertüte verschwand. Ich tätschelte tröstend seinen Kopf. »Togilein! Irgendwann ist nun mal für jeden der Moment des Abschieds gekommen! Und jetzt los, mein Dicker, wir zwei machen einen kleinen Spaziergang.«

Der »kleine Spaziergang« führte uns direkt in eines der wenigen so genannten „anständigen" Viertel Frankfurts. Jils Familie lebte natürlich gediegen im freistehenden Einfamilienhaus mit gelecktem Garten und Doppelgarage. Es gab doch wirklich nichts Beschaulicheres als ein heimeliges Häuschen, bewohnt von Mutti,

Vati und dem »braven« Töchterlein. *Familie Buchner/Bitte keine Werbung!* war in goldener Schnörkelschrift auf dem Klingelschild zu lesen. Gut gelaunt bimmelte ich drauflos! Papi Buchner sollte ruhig schon mal mitkriegen, dass eine fulminante Überraschung auf ihn wartete. Nach kurzem Glocken-Konzert öffnete sich die Haustür. Bingo! Herr Buchner höchstpersönlich streckte missgelaunt den Kopf aus der Tür und sah mich strafend an. Engelsgleich strahlte ich ihm entgegen: »Guten Tag, Herr Buchner! Entschuldigen Sie die Störung! Ich bin auch gleich wieder weg! Ich soll hier nur schnell was abgeben.« Simsalabim und das Päckchen war aus der Tüte gezaubert. Dieses Geschenk würde unseren verstaubten Professor mit Sicherheit in die Realität des Technik-Zeitalters zurückholen und zu heftigen Familiendiskussionen inspirieren.

»So, ich muss dann auch schon wieder!« Ich drückte dem verblüfften Herrn Buchner mein Surprise-Präsent in die Hand, drehte mich auf meinen Stöckelabsätzen um und versuchte, meinen bockigen Hund vom Fleck zu bewegen. Togo schnüffelte gierig an dem Päckchen und machte nicht im Mindesten Anstalten, seinen schmackhaften »neuen Freund« einfach so zurückzulassen.

»Kommst du jetzt!«, zischte ich ihn wütend an. Dann warf ich dem staunenden Herrn Buchner noch ein verkniffenes Lächeln zu und zog meinen von Trennungsschmerz gebeutelten Hund hinter mir her.

»Du wirst es verkraften, Togo!« Ich beschloss, ihm zum nächsten Hundegeburtstag einen Gummihahn zu schenken. In jedem Fall irgendetwas, das nicht vibrierte.

Im Hause Buchner zuckte währenddessen jemand zusammen. Und zwar Vati Buchner, als er meine Lieferung mit Brille inspizierte. In voller Größe präsentierte sich Kitty – die rosa Rammlerin – in ihrem geriffelten Gummikleid. Um den Hals trug sie ein Kärtchen mit folgender Info:

Sehr verehrte Frau Buchner, sehr geehrter Herr Prof. Buchner,

bei diesem formvollendeten Vibrator handelt es sich um das Eigentum Ihrer Tochter Jil. Bedauerlicherweise hat sie ihn nach einem feuchtfröhlichen Stelldichein bei meinem Freund vergessen. Wären Sie so lieb, ihn ihr wieder zurückzugeben? Ach, und bestellen Sie Jil doch bitte herzlichste Grüße: Das nächste Mal, wenn Sie sexuellen Notstand hat, soll sie gefälligst wieder Ihren Nachbarn, Herrn Seifert, vögeln.

Mit freundlichen Grüßen, Sonya!

»Männer mögen vielleicht das Feuer entdeckt haben, die Frauen aber, wie man mit ihm spielt.« Aus *Sex and the City*

VERTRAUEN GUT, KONTROLLE BESSER? DER RICHTIGE UMGANG MIT SEINER (UN-)TREUE!

Vorneweg: Beim Thema Treue ticken Männer und Frauen gleich! Die Prozentzahl betrügender Männer ist genauso groß wie die der seitenspringenden Mädels! Der einzige Unterschied: Wenn's darum geht, den »Ausrutscher« oder die heimliche Affäre geheim zu halten, sind wir Frauen definitiv das klügere Geschlecht! Einige von uns entpuppen sich als regelrechte Fremd-Popp-Profis! Wir wirken unschuldig, betrügen unauffällig und verbergen geschickt! Beim Seitensprung zeigt sich unsere weibliche Raffinesse in ihrem verruchtesten Korsett!

»Jede Frau wäre gerne treu. Schwierig ist es bloß, jemanden zu finden, dem man treu sein kann.« Marlene Dietrich

Aber dies ist nun mal ein Buch für Mädels ÜBER Kerle! Bleiben wir also bei der Perspektive der Frau auf die Dinge! Kaum etwas anderes beschäftigt uns während einer Beziehung mehr als die Frage: Hält mir mein Schätzchen auch wirklich treu die »Stange«? Das Engelchen auf unserer Schulter flüstert beschwichtigend:

»Natürlich ist er treu! Glaubst du ernsthaft, dieser tolle, aufrichtige, NETTE Mann könnte DICH betrügen? Dich belügen? Nein! Er ist anders als alle anderen! Du liebst ihn, er liebt dich! Setz dein rosarotes Brillchen auf und genieß die Zeit mit ihm.«

Und dann, so plötzlich wie ein Regenschauer im August, meldet sich das Teufelchen zu Wort:

»Warum hat er sich gestern von seiner Dienstreise nicht gemeldet?«
»War er Samstagnacht wirklich nur mit seinen Jungs einen trinken? Oder hat er noch einen kleinen ›Abstecher‹ gemacht?«
»Mit wem zur Hölle hat er heute Vormittag leise auf dem Klo telefoniert?«
»Wieso ist er eben nicht an sein Telefon gegangen, als es geklingelt hat?«

Wem soll man glauben?
Wenn wir herausfinden wollen, ob er auch anderen Weibsbildern Besuche abstattet, werden wir es herausfinden! Hallo? Wir sind Frauen! Wir haben gottgegebene Gefühlsantennen. Ein Frühwarnsystem, das Alarm schlägt, wenn etwas im Busch ist. Männer nennen das Misstrauen. Ich behaupte: Das ist weibliche Intuition! Wir müssen also nicht mehr tun, als unsere Äuglein offen halten und Detektivin spielen. Eine der leichtesten Übungen! Ein Mann hält eine Frau nämlich niemals für gewiefter als sich selbst. Daher hat er nicht einmal den Hauch einer Ahnung,

dass in seiner Lebensgefährtin das Potenzial einer CIA-Agentin schlummert. Und weil das so ist, sind Männer generell unvorsichtige Fremdgeher. Sie hinterlassen überall Spuren ihres Seitensprungs und vergessen, wichtiges Beweismaterial zu vernichten! Wenn wir es also darauf anlegen, unser Schätzchen zu überführen, wird uns das auch gelingen!
Doch bevor wir als Miss Marple zur Spurensicherung schreiten, sollten wir uns über den alles entscheidenden Knackpunkt beim Thema Treue im Klaren sein!

Zu Risiken und Nebenwirkungen ...
Wollen wir die Wahrheit wirklich wissen?
»Natürlich!«, werden jetzt viele von uns Ladys empört schreien! Doch immer langsam, liebe Trüffel-Schwestern. Wie heißt es so schön: Wer suchet, der findet!
Selten werden wir ihn in flagranti erwischen, belastende Fotos vom Privatschnüffler erhalten oder einen Hello-Kitty-Massagestab entdecken, so dass die Beweislage ganz eindeutig ist. Stattdessen verzweifeln wir im Ermittlungswahn an zweideutigen Indizien und spinnen uns im Köpfchen eine komplette Foto-Love-Story zurecht. Der Seitensprung findet in unserer Phantasie schon statt, auch wenn wir ihm die Tat noch nicht nachweisen können!
Was bringt dann das Verfahren?
Entweder eine Verurteilung oder den zwangsläufigen Freispruch aus Mangel an Beweisen – auf jeden Fall viel Kopf- und Herzschmerz! In einem Verhör wird unser Verdächtiger vielleicht die Wahrheit sagen, die wir ihm nicht glauben werden, oder genau die Lügen erzählen, die wir hören wollen. Sehr selten legt ein Angeklagter freiwillig ein Geständnis ab! Auf stundenlange Verbal-Folter wird ein zu Unrecht Beschuldigter zu Recht gekränkt und genervt reagieren. Sollte sich unser Betrüger allerdings tatsächlich des Treuebruchs schuldig bekennen und beichten,

haben wir nur seine Version der heiß begehrten Wahrheit, mit der wir uns auseinandersetzen müssen.

»Treue kann man nicht verlangen. Treue ist ein Geschenk.«
Lilli Palmer

… fragen Sie Ihren Arzt oder Apotheker!

Dr. Sonya Love sagt: »Lassen Sie's sein!«

Schnüffeleien und ewige Zweifel an der Treue des Partners machen uns nur schwach und unattraktiv! Wer fremdgehen will, tut's sowieso, aber ganz besonders dann, wenn zu Hause eine misstrauische Oberkommissarin wartet. Selbst mit dem Wissen, wie genital-gesteuert unsere Liebsten sind, sollten wir ihnen grundsätzlich Vertrauen schenken. Bilden wir uns einfach ganz arrogant ein, dass wir Supergirl sind und dass er keine andere je anschauen wird. Basta! Mit »Du, du, du! Du darfst das nicht!« lässt sich noch nicht mal ein Kleinkind davon abbringen, mit dem Feuer zu spielen. Einen erwachsenen Mann werden Verbote und Eifersüchteleien geradewegs in die Arme einer anderen treiben. Und genau das wollen wir doch vermeiden!

Präventiv-Maßnahmen zum Verhindern von Seitensprüngen gibt es nicht. Deshalb: **Verkneifen Sie sich Schnüffeleien und Ihre Eifersucht!** Tragen Sie ganz bewusst psychologische Scheuklappen, so können wir friedlich eine tolle Beziehung genießen.

»Es ist besser, gelegentlich betrogen zu werden, als niemandem mehr zu vertrauen!« Astrid Lindgren

Solange mein Schatz mir das Gefühl gibt, dass ich in seinem Herzen, seinem Leben und seinem Bett die Hauptrolle spiele, soll's mir egal sein, was er hinter meinem Rücken treibt. Das muss er ganz allein mit seinem Gewissen ausmachen. Der gute alte Spruch »Was ich nicht weiß, macht mich nicht heiß« ist aber noch lange kein Fremd-Vögel-Freifahrschein! Denn, sollte ich *zufällig* von einem Seitensprung erfahren, ist Schluss mit lustig! Dann beginnt auch bei mir das Kopf-Kino mit all seinen Konsequenzen, und dann wird's kritisch!

»Die Ehe funktioniert am besten, wenn beide Partner ein bisschen unverheiratet bleiben.« Claudia Cardinale

Was wirklich wichtig ist!
Untreue kann uns das Herz brechen, die Beziehung kosten und in Depressionen stürzen. Ungeschützter Sex beim Seitensprung kann aber vor allem eins: uns töten! Das HIV-Virus ist quicklebendig und breitet sich immer weiter aus. Dass AIDS schon lange keine »Schwulen-Seuche« mehr ist, sondern die Zahl der Neuinfizierungen besonders bei heterosexuellen Kontakten stark steigt, sollten wir unseren triebigen Jungs klar vermitteln. Machen Sie eine Ansage: **»Tu, was du verdammt noch mal nicht lassen kannst, aber tu's mit Kondom!«**

»Unter Treue verstehen die meisten Männer den Zeitraum zwischen zwei Seitensprüngen.« Sydne Rome

SCOTLAND YARD ERMITTELT: DER GLÄSERNE MANN! FÜR ALLE FRAUEN, DIE NICHTS DEM ZUFALL ÜBERLASSEN WOLLEN!

Natürlich tickt nicht jede Frau wie ich! Das Prinzip des »nicht so genau Hinguckens« ist nicht jedermanns Fall. Ist für Sie wichtig, was in der Beziehung beim Thema Treue Sache ist? Nichts einfacher als das! Denn jeder Mann hat einen Verräter, der zeitgleich unser bester »Komplize« ist: sein Handy!
Es ist sein modernes Tagebuch, sein Notizblock, seine Fotogalerie, sein Briefarchiv – sein Leben! Wenn wir alles über ihn wissen

wollen, müssen wir lediglich einige Minuten sein Handy entführen. So einfach ist das! Wie gesagt: Männer sind unvorsichtige Fremdgeher, die überall Spuren und Beweismaterial zurücklassen.

Wie Sie sein Handy professionell einsacken!
Achten Sie möglichst darauf, dass Sie ein bisschen Zeit zum Durchforsten haben. Ist das Handy erst einmal in Ihrer Gewalt, sind Sie komplett im Bann der Handy-Schnüffelei! Frauen, die paralysiert aufs Display starren und von ihrer Umwelt nichts mehr mitkriegen, laufen Gefahr, von ihrem Kerl erwischt zu werden. Und – so viel ist ja klar – das darf auf keinen Fall passieren! Ihre Info-Quelle wird dann nämlich garantiert für immer versiegen.

- Merken Sie sich genau, wo das Handy in welcher Position lag!
- Vergessen Sie nicht zu überprüfen, ob »vorher« die Tastensperre aktiviert war!
- Legen Sie sein Handy in dem Zustand und Betriebsmodus zurück, in dem er es zurückgelassen hatte!
- Wenn er in der Nähe ist – bleiben Sie für Ihre Nachforschungen an dem Ort stehen, wo das Handy lag!!! Denken Sie daran, dass es jederzeit klingeln kann. Ihr Partner würde sich sehr wundern, seinen Klingelton plötzlich aus der Küche zu hören, wenn er sein Handy im Schlafzimmer abgelegt hatte!

Zum »Blättern« im Handy eignen sich am besten Situationen wie diese:

- **Er geht zum Joggen!** Hier nimmt kein Mann der Welt sein Handy mit. Wenn er es doch tut, sollten Sie sich fragen, ob er wirklich joggen geht. Kaum eine Situation lädt mehr zum Schnüffeln ein als sein Dauerlauf, mindestens die nächsten zwanzig Minuten gehört das Handy Ihnen.

Er schläft! In diesem Fall schleichen Sie sich mitsamt dem Handy aufs Klo. Wählen Sie unbedingt eine Uhrzeit, zu der er auf keinen Fall mehr angerufen werden kann, oder schalten Sie das Ding auf stumm!!! Schließen Sie vorsorglich die Tür ab! Sollte er wach werden, behaupten Sie, Ihnen sei schlecht gewesen.

Er ist auf der Toilette und hat eine Zeitung dabei! Das Signal, dass er etwas »geschäftlich« zu erledigen hat. Dauert durchschnittlich zehn bis fünfzehn Minuten. Die warnende Klospülung zeigt an, wann Sie das Handy wieder weglegen müssen!

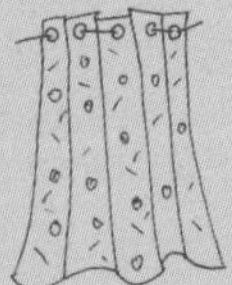

Er duscht! Dauert durchschnittlich nur fünf Minuten, aber Sie hören am Wasser-Sound, ob er noch beschäftigt ist oder nicht.

»Wenn du willst, dass etwas gesagt wird, frage einen Mann; wenn du willst, dass etwas getan wird, frage eine Frau.«

Margaret Thatcher

Der Wegweiser durch sein Handy!

Um alle Infos des Handys zu nutzen, um den Seitenspringer zu entlarven, ist eine genaue Kenntnis darüber notwendig, wo er was verstecken kann!

Die Optionen seiner Kurzmitteilungen:

Alle Personen, mit denen er einen regelmäßigen SMS-Kontakt pflegt, sind ihm wichtig. Finden Sie einen weiblichen Namen mehr als zweimal bei seinen SMS-Eingängen, sollten die kleinen Alarmglocken bimmeln!

Beinahe noch wichtiger als der Kurzmitteilungs-Eingang ist der Ordner »gesendete Objekte«. Fein säuberlich abgespeichert können Sie hier lesen, was er so zu Papier – oder besser – zum Display brachte. Schließlich kann man ihm keinen Vorwurf machen, wenn seine Ex eine überschwänglich »nette« SMS an ihn verschickt hat. Alles entscheidend ist vielmehr der Tenor seiner Antwort. Achten Sie auf Formulierungen wie: »Ich denk an dich«, »Es war sehr schön«, »Ich küsse dich«. So etwas schreiben Männer nur, wenn Gefühle im Spiel sind!

Nicht zu vernachlässigen: Die SMSen an seine(n) besten Kumpel! Gerne prahlen Männer per Kurzmitteilungen mit ihren feuchtfröhlichen Anbagger-Geschichten. Unbedingt lesenswert, aber nicht unbedingt mit hundertprozentigem Wahrheitsgehalt!

Höchst verdächtig: Wenn sein Mitteilungsordner aufgeräumt ist. Sie finden beinahe ausschließlich SMSen von sich in seinem Eingang? Alarmstufe rot! Männer löschen ihre SMSen nicht der Ordnung willen! Er hat entweder mitgekriegt, was Sie mit seinem Handy veranstalten, oder einem seiner Kumpel ist so etwas schon passiert. Zu 90 Prozent können Sie bei einem aufgeräumten Postfach davon ausgehen, dass er etwas zu verheimlichen hat. Jetzt heißt es: Nicht verzagen, weiter wagen! Irgendwann wird er vergessen, eine verräterische SMS zu löschen! Nennen wir es Dummheit oder Vergesslichkeit. Er wird einen Fehler machen, das ist nur eine Frage der Zeit!

Die Anruflisten:

Die Wiederwahlliste: Checken Sie, wen er zuletzt angerufen hat! Die »Gewählte-Anrufer-Liste« spuckt die letzten Top-Ten seiner Plauder-Partner aus!

Die »angenommenen Anrufe«: Hier können Sie sehen, wer in der letzten Zeit bei ihm so durchgeklingelt hat.

Der Knüller, seine Mailbox:

Die MB-Rufnummer ist entweder abgespeichert unter »Mailbox« oder anwählbar mit seiner eigenen Handynummer. Unter »bereits abgehörte Nachrichten« finden Sie nun eine Auswahl unterhaltsamster Kurz-Hörspiele!

Warnung: Wenn Ihnen die freundliche Mailboxstimme mitteilt, dass eine neue Nachricht vorliegt, bitte sofort wieder auflegen!

Und noch ein wichtiger Tipp zum Schluss: Vergessen Sie jetzt keinesfalls, in der »Gewählte-Anrufer-Liste« Ihren last call zu löschen!

Die Rechnung:

Besorgen Sie sich unbedingt aus seinen Steuerakten eine Telefonrechnung. Auf der finden Sie alle Angaben, um bei seinem Telefonanbieter problemlos einen Einzelverbindungsnachweis zu bestellen.

Lassen Sie Ihren schwulen Freund anrufen, er soll sich als ihr Real-Freund ausgeben!

Ein paar Tage später haben Sie's dann schwarz auf weiß!

»Männliche Dummheit bereitet mir größtes Vergnügen. Gott sei Dank ist das eine schier unerschöpfliche Quelle der Unterhaltung.« Mary Wortley Montagu

Wie Sie Pinocchio auf die Schliche kommen!

Die richtige Verhörtaktik

O.k.! Das Handy unseres Schätzchens ist clean. Aber unser Bauchgefühl sagt uns, irgendwas ist im Busch. Wie lösen wir das Problem? Ein transportabler Lügendetektor für den Hausgebrauch – das wäre praktisch! Wir könnten dann unsere Kerle in zweifelhaften Situationen an das Ding anschließen und wüssten binnen Minuten, was Sache ist. Leider ist der Home-Lügen-Detektor noch nicht auf dem Markt. Aber es gibt eine andere, durchaus verlässliche Methode, um die Ehrlichkeit unseres Gegenübers einzuschätzen. Selbst die Polizei bedient sich in Verhören dieses simplen Tricks:

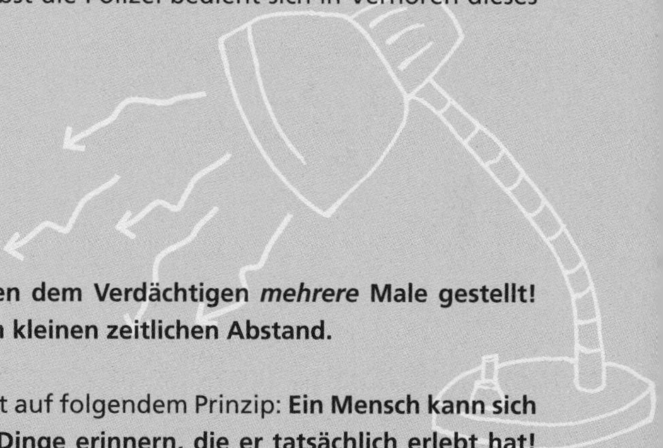

Alle Fragen werden dem Verdächtigen *mehrere* Male gestellt! Und das mit einem kleinen zeitlichen Abstand.

Diese Taktik beruht auf folgendem Prinzip: **Ein Mensch kann sich nur detailliert an Dinge erinnern, die er tatsächlich erlebt hat!** Das Gehirn greift während der Schilderung eines vergangenen Vorfalls auf Bilder und Situationen zurück, die es auch wirklich gegeben hat. Bei einer Lüge existieren diese Erfahrungen nicht.

Wenn sich ein Mensch einen Geschehnisablauf **ausdenkt**, ist es für ihn ungemein schwierig, diese erdachte Situation mehrere Male ohne Widersprüche zu wiederholen. Schließlich existieren keine abgespeicherten Erinnerungsbilder eines realen Ablaufs!
Merke also: Ein Mann, der lügt, wird sich in seinen Aussagen früher oder später widersprechen. Er kann in der Regel Einzelheiten der Orte, Uhrzeiten und Personen, die frei von ihm erfunden sind, nicht fehlerfrei wiederholen! Spätestens, wenn Sie nach einiger Zeit ein zweites »Verhör« ansetzen, wird's für ihn kniffelig.
Achtung: Besonders ausgebuffte Super-Lügner gibt es natürlich auch. Die sind allerdings rar gesät, und die Chancen, dass ausgerechnet Sie sich ein so durchtriebenes Mannsbild geangelt haben, sind sehr gering.

»Jeder Mann, der Frauen die Intelligenz abspricht, fürchtet sich vor ihnen.« Sharon Stone

AUFFÄLLIG BAUFÄLLIG! ALBTRAUM LIEBESKUMMER!

Untreue ist nur ein Grund, warum Beziehungen in die Brüche gehen, aber es ist der häufigste. Auch wenn unser Schätzchen noch so sehr schwört, es gäbe da niemanden, er stecke gerade einfach in einer Lebenskrise – meistens steckt er gerade einfach in einer anderen!

»Ich bin eine gute Haushälterin. Jedes Mal wenn ich mich von einem Mann trenne, behalte ich sein Haus!« Zsa Zsa Gabor

WENN DER SEITENSPRUNG AUFFLIEGT! EINSATZ DER ABRISSBIRNE?

Was tun, wenn wir von seinem Seitensprung erfahren haben?
Wir haben genau zwei Möglichkeiten:

- Wir machen Schluss!
- Wir verzeihen ihm und versuchen, damit klarzukommen!

Verzeihen ist schwierig, das steht fest! Die Beziehung zu beenden ist in jedem Falle die einfachere Lösung. Nur: Ist »einfacher« auch immer »besser«?
Blenden wir seinen egoistischen Seitensprung mal kurz aus und machen uns klar, welche Qualität die Beziehung zu unserem Kerl hat:

War vielleicht ohnehin schon lange alles vorbei, und wir haben uns nur nicht getraut, der Wahrheit ins Auge zu sehen?

War es wirklich Liebe oder nicht doch schon reine Gewohnheit, die uns an dem anderen festhalten lässt?

Wie wichtig ist dieser Mann für unsere Zukunft?

Die ehrliche Beantwortung dieser Fragen sollte darüber entscheiden, wie wir mit der Situation umgehen.

Bye bye, I wish you a nice life!

Wenn wir feststellen, dass unsere Beziehung auch ohne Seitensprung schon Risse hatte, können wir die Gelegenheit zum endgültigen Bruch nutzen. Sehen wir den Fall also positiv: So ein kleiner schmutziger Seitensprung ist die perfekte »Vorlage«, um einen Typen endgültig zu entsorgen, und für unser Ego können wir das »Schwanz gesteuerte Arschloch« noch mal so richtig hemmungslos zusammenfalten. Wir sparen uns das mühselige Grübeln darüber, warum die Beziehung zu Ende ging und können ausschließlich IHM die Schuld in die Schuhe schieben. Eine Trennung wegen seines Seitensprungs – einfacher geht's nicht! Also nix mit Traurigkeit! Wenn Ihnen bewusst geworden ist, dass er ohnehin schon lange nicht mehr der Mann ist, den Sie mal geliebt haben, dann danken Sie ihm für diese perfekte Steilvorlage!

»Wir hatten wirklich viel gemeinsam: Ich liebte ihn. Und er liebte sich.« Shelley Winters

It's »Mr. Right«!

Kommen wir nach intensiver Selbst-Analyse zu dem Schluss: ER ist kein fauler Kompromiss, unsere Beziehung hat Potenzial, und

das Bauchgefühl sagt: »Er ist der Richtige!«, na herzlichen Glückwunsch, jetzt wird's kompliziert.
Ihr Kopf-Kino zeigt in einer ewigen Dauerschleife den Erotikstreifen ER mit IHR!, und gerade, weil Sie ihn so lieben, sind Sie ganz besonders verletzt und wütend. Trotzdem, es kann sich lohnen, IHM eine zweite Chance einzuräumen.
Hollywood-Liebesfilme hören immer dann auf, wenn's am schönsten ist: Das Liebespaar hat sich endlich bekommen, und wenn sie nicht gestorben sind, dann »Happy End«! Die nächsten zehn bis zwanzig Jahre der Partnerschaft werden selten verfilmt. Die Realität zeigt aber: Den perfekten Mann gibt es nicht! Oder, wie meine Oma immer sagte:

»Alles in einem? Findste in keinem!«

Jeder Mann an unserer Seite wird irgendwann seine Macken offenbaren. Was nützt uns ein treuer Mann, der egoistisch, rücksichts- oder lieblos ist? Wenn in Ihrer Beziehung ansonsten alles stimmt, sollten Sie sich gut überlegen, ob Sie einen Mann abservieren, nur weil er ein einziges Mal einen Fehltritt begangen hat. Welcher Mensch ist unfehlbar?
Wir wollen ihn trotz des Fehltritts behalten und ihm verzeihen? Versuchen wir's! Hierbei ist wichtig,

ob er eine längere Affäre hatte oder es sich um einen einmaligen Ausrutscher handelte.

Wenn unser Partner etwas Längeres laufen hatte, waren entweder Gefühle im Spiel oder Schatzi hat bei einer anderen Frau etwas gesucht, das wir ihm in der Beziehung nicht geben konnten. **Eine längere Affäre** bedeutet für uns in letzter Konsequenz: Er hat eine Menge Zeit und Gefühl bei einer anderen Frau investiert! Er hat nicht nur mit ihr geschlafen, sondern Dinge mit ihr erlebt, die normalerweise eine Beziehung definieren: Kuscheln, gemeinsam frühstücken, dem anderen Zärtlichkeiten und Aufmerksamkeit schenken.Verzeihen ist in diesem Fall sehr schwer! Zumal ein langer Zeitraum des Betrügens auch eine hohe Anzahl an Lügen mit einschließt. Eine Affäre ist für mich die übelste Form des Seitensprungs und nur schwer zu verzeihen. Wie stark sind Frauen, die das hinkriegen!

»Glück ist eine Kombination aus guter Gesundheit und schlechtem Gedächtnis.« Ingrid Bergman

Bei einem einmaligen Ausrutscher sieht die Sache schon ein wenig anders aus: Meist ging es unserem Herzbuben bei seinem Abenteuer nämlich nicht um Gefühle! Viele Männer, die heimlich mit einer anderen Frau geschlafen haben, lieben trotzdem ihre Partnerinnen aufrichtig und von ganzem Herzen! Bei einem Seitensprung ist dem Mann oft noch nicht einmal der Akt an sich wichtig. Häufig ist das »Drumherum« das, was ihm den Kick verschafft. Es geht um den »Aufriss« der Frau, um das Abenteuer! Er will wissen: Kann ich sie rumkriegen? Es ist eine Möglichkeit für ihn, seinen aktuellen Marktwert zu testen. Er sucht nach Selbstbestätigung! Der Sex, den ein Mann mit einer oft fremden Frau erlebt, ist für ihn fast immer vollkommen belanglos und austauschbar! Wenn wir versuchen, uns in seine Lage zum Zeitpunkt des Seitensprungs hineinzuversetzen, können wir oft besser nachvollziehen, was sich in seinem Kopf, seinem Herzen und seiner Hose so abgespielt hat. Dieses »Nachvollziehen können« ist absolut wichtig! Denn echtes Verständnis macht Verzeihen wesentlich einfacher!

Lassen Sie also auch folgende Aspekte in die Bewertung seines

Fehlverhaltens mit einfließen:

- In welchem Zustand hat sich Ihr Partner während des Seitensprungs befunden?
- War er im Urlaub?
- Ist es nach einem Streit passiert?
- War er betrunken?
- Was war an IHR so reizvoll?

Verlangen Sie Offenheit und die ungeschönte Wahrheit von ihm! Da muss er durch und Sie auch! Die Details des Seitensprungs sind zwar schmerzlich, aber sie helfen uns, die Puzzle-Teilchen seiner Erzählung zu einem echten Bild zusammenzusetzen und vor allem unsere selbstzerstörerische Phantasie zu bremsen. Nur, wenn wir uns intensiv mit der Situation auseinandersetzen, haben wir die Chance, unseren Fremdgänger ein klein wenig zu verstehen.

Sind wir nach allem immer noch entschlossen, ihn nicht zu verlassen, sondern ihm zu verzeihen? Dann müssen wir uns selbst unbedingt beim Wort nehmen. Ziehen wir einen endgültigen Schlussstrich unter das Thema »Der Seitensprung mit ...«! Tun wir es nicht, kommen wir ganz schnell in eine für ihn und für uns auf Dauer unerträgliche Nörgelschleife. Auf kurz oder lang wird er UNS verlassen, und wir sind dann doppelt deprimiert.

»Wenn eine Frau ihrem Mann einmal verziehen hat, darf sie ihm seine Sünden nicht immer zum Frühstück aufgewärmt servieren.« Marlene Dietrich

SPRECHSTUNDE BEI DR. LOVE: »ARZNEI FÜR IHREN HERZSCHMERZ!«

Dieses Schwein!

ER hat uns nicht nur betrogen, belogen und uns Chlamydien ins Haus geholt! ER hat weder um uns gekämpft noch um Vergebung gewinselt! ER hat uns einfach verlassen ... für die andere! Und jetzt will er die Schlampe auch noch heiraten!!! Habe ich nicht alles richtig gemacht? Falsche Frage! Die Frage muss lauten: Wie komme ich schnellstens über ihn hinweg! Herzlich willkommen auf der emotionalen Intensivstation! Wer solche Nah-Tod-Erfahrungen ohne bleibende Schäden überleben will, braucht harte Medikamente und einen guten Pflegedienst:

Verliebt, verlobt, verlassen Sie sich auf Ihre Mädels!

Freundinnen sind Ihre ganz persönlichen Liebeskummer-Krankenschwestern. Unsere Girl-Gang ist ein extrem kostbares Gut, das wir hegen und pflegen, hätscheln und tätscheln sollten. Loyale Freundinnen hören auch nach stundenlanger Kummer-Konversation liebevoll zu, lindern Heulkrämpfe, indem sie uns in den Arm nehmen, und zerren uns notfalls mit Gewalt wieder unter Menschen, zurück ins Leben. Eine Bande Mädels, die wie Pech und Schwefel zusammenhält, bietet uns Schutz, gibt uns Kraft und sogar Macht. Nicht einmal »der Mann Ihres Lebens« darf sich dazwischendrängen, ein Grund zum Zerwürfnis sein oder Ihnen den Umgang mit den Mädels verbieten. Doch leider neigen wir Frauen oft dazu, in glücklichen Verliebtheitsphasen unseren eigenen Freundeskreis zu vernachlässigen und stattdessen den unseres Partners anzunehmen. Ein schlimmer strategischer Fehler! Gerade in Notsituationen brauchen wir unsere Verbündeten.

»Frauen sind für Freundschaften da, Männer zum Vögeln!«
Aus *Sex and the City*

Jawohl! Denn eine Liebeskummerpatientin braucht auch dringend männliches Pflegepersonal. Es gibt keine bessere Therapie gegen Ihre Schmerzen als die Beschäftigung mit Ihrem ganz persönlichen »Physiotherapeuten«. Auch wenn Sie in Ihrem Schmerz dem männlichen Geschlecht auf ewig abgeschworen haben, überwinden Sie sich!

Die Heilmethode der »intensiven Ablenkung« ist das Einzige, was hier wirklich hilft. Dabei muss die Behandlung Ihres Traumas nicht aus heftigen Leibesübungen auf der Matte bestehen. Viel wichtiger als Sex ist, dass wir uns nicht verkriechen, sondern in Gesellschaft sind und mit einem Menschen Dinge unternehmen. Nehmen Sie ruhig langsam Fahrt auf, und gehen Sie nur auf Kuschel-Kurs. Wir brauchen Zärtlichkeiten als Balsam für unsere Wunden. Denn allein zu Hause drehen sich unsere Gedanken unweigerlich nur um IHN, unseren Herzensbrecher, und wir versinken unaufhaltsam im Sumpf der Liebesdepressionen. Ob Sie Ihren »Physiotherapeuten« feuern, sich schnell einen neuen zulegen oder ihn langfristig behalten wollen, sollte Ihnen in der Not erstmal völlig egal sein. Hier ist der Mann nur ein Placebo: Mittel zum Zweck!

»Lieber herzlos, geil und kalt, als vergessen, krank und alt!«
Lisa Fitz

DER MADONNA-EFFEKT! GEHEIMWAFFE FÜR HERZENSBAUSTELLEN!

Ein von Liebeskummer gebeuteltes Herz braucht also Ablenkung durch ein geeignetes männliches Ziel- beziehungsweise Spielobjekt. Nur gibt es da ein verflixtes Problemchen: Kein Mann der Welt findet einen verheulten Trauerkloß antörnend. Soll heißen: Solange wir uns noch in einer depressiven Down-Phase befinden, ist ein Flirt geradezu ausgeschlossen. Und die einzigen Wesen, die uns wieder auf Flirttauglichkeit hochtunen könnten – unsere Mädels – lassen sich leider nicht 24 Stunden am Sofa festketten. Bei Liebeskummer muss also eine zusätzliche Geheimwaffe her! Etwas mit Durchschlagkraft – jemand wie ... Supergirl! In meinem Fall heißt das Supergirl Madonna! Ja, richtig, die Power-Popgöttin mit dem muskulösen Popöchen. Selbstverständlich klopft Madonna nicht an meine Haustür, wenn ich Sorgen habe, um mich bei einem gemeinsamen Käffchen wieder aufzubauen. Sie ist mein hartes Psychopharmaka auf homöopathischer Basis: Madonna, mein persönliches Supergirl, existiert lediglich in meinem Kopf! Phasenweise ungestört schlummert sie solange in meinem Hinterstübchen, bis ich sie aus ihrem Tiefschlaf reiße!

Praxisnahes Beispiel:
Angenommen, ich habe Liebeskummer und sitze mit frisch gebrochenem Herzen, tränenverquollenen Äuglein und einem Ein-Liter-Eiscreme-Becher auf der Couch! Genau dann ist Madonna-Time! Zeit, an das Supergirl zu denken und die alles entscheidende Frage zu stellen:

WHAT THE FUCKING HELL WOULD MADONNA DO?

Was zur Hölle würde Madonna jetzt machen? Würde sie hier auch so jämmerlich auf der Couch in Selbstmitleid zerfließen?

Würde sie einem Typen, der es wagt, die coolste Frau des Erdballs zu verlassen, auch nur eine Träne hinterherheulen??? Und schon geht es mir entschieden besser, denn die einzige Antwort auf diese Frage kann nur lauten: NEIN, Madonna würde sicherlich nicht so reagieren! Madonna würde einen gerührten Martini kippen, ihren Knackhintern sofort von der Couch heben und sich den lässigsten Typen der City unter die rot lackierten Nägel reißen.

Aggressive »Trotz-Flirtstimmung« übt auf Männer eine geradezu magnetische Anziehungskraft aus! Frauen, die sich gezielt ein Opfer zur reinen Abwechslung suchen, sind sexy! Jetzt haben Sie die Ausstrahlung einer Frau, die nichts zu verlieren hat und die alle Männer vorübergehend für miese Schweine hält. Diese Mischung aus Arroganz und Unerschrockenheit verleiht Ihnen ein extrem reizvolles Wesen! Zudem spüren Männer instinktiv, dass Sie momentan nicht unbedingt auf der Suche nach einer festen Bindung sind. Das ist die perfekte Ausgangsposition für eine hemmungslose Flirt-Offensive!

PS: Wenn Sie mit Madonna nicht viel anfangen können, kommt stellvertretend natürlich jeder Superstar in Frage, den Sie aus tiefstem Herzen bewundern! Gerne darf uns auch Samantha aus *Sex and the City*, Lara Croft oder Alice Schwarzer therapieren!

Probieren Sie's unbedingt aus – es funktioniert!!!

Denken wir doch einfach mal an Karneval in unserer Kinderzeit zurück: Kaum hatten wir ein Prinzessinnen-Krönchen auf dem Kopf – schwupps, und die freche Göre wurde ganz vornehm. Als Piratenbraut waren wir verwegen statt schüchtern und als Clown laut und lustig statt zurückhaltend und leise. Abrakadabra! Zauberei? Nein, es ist ein simpler psychologischer Trick, den jeder Mensch draufhat.

Wir Frauen verfügen jedoch über ein besonders hohes Maß an

emotionaler Intelligenz und Einfühlungsvermögen. Wir können uns fantastisch in eine andere Person hineinversetzen. Nutzen wir diese Gabe ausnahmsweise mal nicht dazu, uns über andere den Kopf zu zerbrechen, sondern um die Stärke unserer persönlichen Superheldin zu spüren! Stecken Sie sich zum Beispiel ruhig einen Zauberstab oder eine Spielzeugpistole in die Handtasche, um sich stärker zu fühlen. Von echten Waffen sollten Sie jedoch Abstand halten, denn der »Madonna-Effekt« funktioniert dafür zu gut!

Meine Lieben, Sie werden verblüfft sein, wie viel ungenutzte positive Energie in unserem Unterbewusstsein schlummert! In uns steckt ein riesiger Kraft-Kerosin-Tank, den wir nur anzapfen müssen, um unsere Turbinen auf »turbo« laufen zu lassen. Der »Madonna-Effekt« lässt sich im Übrigen nicht nur bei Liebeskummer anwenden! Er hilft in jeder Situation, in der wir uns am Boden zerstört fühlen oder vor der wir uns fürchten.

So, und jetzt wird's noch persönlicher …

ÜBER DIE AUTORIN: DIE BAUABSCHNITTE VON 0 BIS 30!

»Mit dreißig ist man gerade alt genug, um zu wissen, was man tut, und noch jung genug, um es trotzdem zu tun.«
Brigitte Bardot

HELLO EVERYBODY! WAS IS 'N HIER LOS?

Ich erinnere mich, als wär's gestern gewesen! Da lag ich gerade völlig entspannt, ganz bequem in meiner warmen Badewanne, und diese Nervensäge hatte nichts anderes zu tun, als ständig lautstark rumzuschreien.
»KLAPPE!« Autoritäre Menschen konnte ich sowieso noch nie leiden, also beschloss ich, das Gebrüll einfach zu ignorieren. Ich schloss die Äuglein und versank im süßen Land der Träume, wo große, gut gebaute ...
100 Dezibel ließen mein Badewasser erzittern: »Pressen! Ganz fest pressen!«
So ein penetrantes Weibsbild! Verdammt, konnte man denn nirgendwo seine Ruhe haben? Na warte! Der würd' ich's zeigen. Raus aus der wohligen Wanne, mit dem Kopf durch die Wand und dann auf sie mit Gebrüll: *Plopp!* Es war der 22. Juni 1973 punkt 12 Uhr mittags in der Frankfurter Universitätsklinik, und ich war mit zehntägiger Verspätung endlich da: ein reifes Früchtchen mit 56 Zentimeter Körpergröße und einem *Germany's-next-Topmodel*-Gewicht von 2980 Gramm! So unendlich niedlich, dass Mama bei meinem ersten Anblick verzückt ausstieß: »Igitt! 'ne Spinne ...!«
Ihr könnt mich alle mal!!! Egal, *a star was born*! Bei welchen Kretins war ich da eigentlich gelandet? Wer schreibt denn Sonja mit

»Y«? Und hängt dann noch »Martina« hinten dran: »Hallo, mein Name ist Sonya Martina Kraus!« Na danke auch!
Meine Rache sollte grausam sein! Kaum war ich ein Jahr alt, quasselte ich meinen Eltern die Ohren blutig, schiss ihnen aber konsequent und stinkfaul bis zum 3. Lebensjahr die Hosen voll! Wurde ich zum verhassten Mittagsschläfchen verdonnert, verteilte ich meinen Windelinhalt gerne auch großzügig auf Bett und Wände! Ja, ja! *Don' t fuck with a fucker!* Im Pampers-Alter entdeckte ich dann auch meinen unstillbaren Appetit auf Verbotenes. Alles, was Mama gekocht hatte, wurde ausgespuckt! »Bäähhh!« Genüsslich gefressen wurde dagegen alles, was »Nein« war. Zu meinen beeindruckendsten »'Tschuldigung-ich-hab's-verschluckt«-Aktionen gehörten:

Ein Glas voll ungemahlener Pfefferkörner! Sie brannten gleich zweimal!

Eine Packung Agiolax! Sieht aus wie Schokostreusel! Welche Dreijährige kann denn bitte wissen, dass das Abführmittel ist?

Schneckengift aus Omas Garten! Sorry, Körnchen hatten's mir eben angetan.

Die leckeren Bonbons – Marke Mini-Pille – die Mama immer in ihrer Handtasche versteckte. Für Östrogene ist es nie zu früh!

Die weiße Marshmallow-Maus, die ich unbedingt als Ganzes verschlucken musste: Sie blieb mir im Halse stecken.

Genau wie das kuschlige Weidenkätzchen, das ich mir ausnahmsweise mal in die Nase einführte!

Aber auch ich wurde irgendwann älter, reifer und sooo erwachsen!

SCHLACHTFELD SCHULE: ÜBERLEBEN IST ALLES!

Pünktlich zum ersten Schultag zogen meine Eltern vom beschaulichen Wiesbaden ins multikriminelle Frankfurt. Klasse Idee, denn wer als Erstklässlerin den Pausenhof einer Frankfurter Grund- mit angeschlossener Gesamtschule überlebt, ist entweder reif für den Kinderpsychologen oder für den militärischen Nahkampfeinsatz. Bei Karate-Kid Kraus war definitiv Letzteres der Fall!
Schnell lernte ich meine Lektion: Röcke sind die Pest, Jungs der Feind, und ihre empfindliche Stelle zwischen den Beinen ist meine Rettung. So ging ich im Alter von sechs Jahren täglich schwer bewaffnet in den schulischen Guerilla-Kampf. An beiden Füßen die berühmt-berüchtigten »Kraus-Samen-Killer-Clogs«. Alle Rowdies wussten, wenn Sonya mit ihren Wunderwaffen angriff, stand die atomare Vernichtung ihrer Knaben-Klicker kurz bevor. Bis zu zehn Meter konnte ich meine massiv-hölzernen Wurfgeschosse zielgenau aus dem Stand abfeuern. Wer getroffen wurde, ging zu Boden, und zwar inklusive Familienplanung. Das muss der Anfang meiner unendlichen Liebe zu Schuhen gewesen sein. Mit meiner Leidenschaft für Jungs dauerte es noch etwas länger ...

AUA! UND DAS SOLL SPAß MACHEN? MEINE ENTJUNGFERUNG!

Ich war gerade mal 13 geworden, als es passierte. In einem Swimmingpool! Schuld war Leandro, erfahrene 16 Jahre alt und der »Mann«, der mein optisches Beuteschema für alle Zeit prägen sollte: groß, schlacksig, kinnlange haselnussfarbene Haare und – jetzt kommt's – eine Lücke zwischen den Schneidezähnen. Der Knaller!!! Einmal lächeln reichte, und ich wusste: Das ist der Mann meines Lebens!
Mama und ich waren in den Sommerferien nach Limone an den Lago di Garda gefahren und logierten in einem kleinen ver-

träumten Hotel mit extrem gutem Essen und fast ausschließlich italienischen Gästen. Und da waren wir schon beim ersten Problem: Wie sollte ich bloß zu meinem »Italian-Stallion« Kontakt aufnehmen? Dass der Herrscher über mein Herz Leandro hieß, konnte ich gerade noch aus dem Gebrüll seines kleinen nervigen Bruders herausfiltern. Aber ein lässiges »Hi, was geht?!« war schon nicht mehr in meinem Italienisch-Repertoire. Ach ja, Leandro! Allein sein Name zerging mir wie Nutella auf der Zunge! Täglich saß ich sabbernd, die Augen hinter einer großen Sonnenbrille verborgen am Pool, während ER seinen Surferkörper in der italienischen Sonne röstete und mich, die dumme Deutsche, natürlich völlig ignorierte!

Mehr Gefallen fand da sein etwa zwölf Jahre alter Bruder Mauro an mir, der sich wie ein bekloppter Dreijähriger aufführte: Raus aus dem Schwimmbecken, mit Anlauf schreiend auf meine Liege zu rennen, über mich springen und direkt neben mir per Arschbombe ins Wasser platschen! Nach seiner dritten Runde verwandelte sich mein deutsches Gemüt langsam aber sicher in italienisches Temperament, das dann exakt nach Runde sechs überkochte. Jegliche Schüchternheit war verflogen, die Verzweiflung über den mich negierenden Liebes-Leandro so groß, dass ich in meinem neonpinkfarbenen Fiorucci-Badeanzug förmlich explodierte! Wie eine geistesgestörte germanische Kriegerin stürzte ich mich in die Fluten, um Mauro-Makkaroni-Fresser zu töten! Oder zumindest dafür zu bestrafen, was er getan und sein Bruder unterlassen hatte. Fünf Sekunden – und ich hatte ihn da, wo er hingehörte: im Schwitzkasten! Unter Wasser; versteht sich! Gekonnt hatte ich das fast gleichaltrige »Kind« mit einem professionellen EKG (Eier-Kontroll-Griff) kaltgestellt! Meine Frankfurter Guerilla-Ausbildung war also doch für etwas gut gewesen.

Mit unsagbarer Genugtuung beobachtete ich die lustigen Blasen, die von meinem zappelnden Opfer aufstiegen, als sich starke

Oberarme äußerst unsanft um meinen zarten Hals legten. ZACK! Jetzt war ICH unter Wasser! Kein Grund zur Panik, der Angreifer war eindeutig männlich und hatte somit eine Achilles-Sehne, die sich nicht am Fuß befand! Instinktiv schoss die Kraus'sche-Klöten-Killer-Klaue in Richtung Genital-Gegend meines Gegners, als ich eine erschreckende Entdeckung machte. Der Feind war identifiziert: Leandro?! STOOOOOP! Dem konnte ich unmöglich an die Eier packen! Was nun? Meines strategischen Angriffsziels beraubt, blieb mir nichts anderes übrig, als mich IHM zu ergeben. Aber hey! Was gab es Schöneres? Während ich glücklich Luftblasen blubberte, genoss ich die Visionen, die der akute Sauerstoffmangel auslöste: Ich, halbtot am Beckenrand liegend, Leandro über mich gebeugt und dann … oh ja, die Mund-zu-Mund-Beatmung! Geil, ich musste unbedingt sterben!
Aber nichts da: ZACK! Und ich war mit meinem feuchten Traum wieder über Wasser. Olivgrüne Augen schauten mich besorgt an: »Are you o.k.?« Olivgrün … mit kleinen bernsteinfarbenen Klecksen!
»Hey, are you o.k.?«
Oh yeah, baby! Ich bin more than o.k.! Ich nickte. Und da war es – das Zahnlückengrinsen!
»Hi, I'm Leandro!« Ach was, ehrlich? Is ja 'n Ding!
»I'm Sonya. Nice to meet you!« Autsch, nicht cool! Aber ich hatte mit IHM gesprochen! Hurra!
Und anscheinend ging es weiter auf Italo-English: »Aaand this isss my brrrrother Mauro!« Mir besser bekannt als »die Nervensäge«.
Dem kleinen Schwein hatte es anscheinend gefallen, dass ihm mal jemand kräftig an den Pipmatz gegriffen hatte, denn er lächelte mich zuckersüß an und meinte: »Come with meee!« Nervensäge, wenn du ernsthaft glaubst, ich rücke auch nur einen Zentimeter von deinem Bruder ab, musst du völlig bekloppt sein!
Aber mein Liebster – Leandro – war seinem Brüderchen schon

auf den Fersen. Beide raus aus dem Pool, Anlauf und platschend wieder rein! Aha, ich hatte verstanden: Arschbomben-Contest – so uncool, aber egal, ich war dabei! Leider musste ich ziemlich schnell feststellen, dass meine mickrigen Bömbchen bei den Jungs keine Begeisterung auslösten! So ging das nicht weiter! Ich musste meine Chance nutzen und um jeden Preis Eindruck schinden. Wozu war ich denn eine Ballett-Tussi und hatte die Körperspannung von Cat-Woman? Also: Handstand am Beckenrand mit anschließendem Rückenplatscher in den Pool. Mein Rückrad fühlte sich zwar an wie mehrfach gebrochen, aber mein Herz hüpfte: Leandro klatschte Beifall! Gott, war der schön … Konzentration, Frau Kraus! Das ging doch noch besser! Ein letzter Blick auf Leandros bewunderndes Lächeln und auf zur Kür! Jetzt kam der Knaller-Sprung, für den er mich ewig lieben würde. Ich gab alles: energischer Anlauf, kraftvoller Absprung, Beine werfen und SPAGAT! Platsch!

Leider hatte ich es versäumt, die Beine beim Eintauchen ins Wasser wieder zu schließen. AUA! Die Sprengkraft meines Aufpralls war vernichtend: Ich hatte Sex mit Poseidon, der mit meiner Jungfräulichkeit kurzen Prozess machte und mir seinen Dreizack in den Unterleib rammte. Ein brennender Schmerz durchfuhr mich, als die Wassermassen meinen inneren Organen »Guten Tag« sagten. Zum zweiten Mal an diesem Tag wünschte ich zu sterben. Doch das Wasser gab mich wieder frei. Leandro war von meiner Darbietung begeistert – mir war's grad schnuppe. Er nahm mich in die Arme und brüllte: »Encora! Encora!« NOCH MAL??? *Stell' dich zwischen mich und die Toilette, und du bekommst einen Einlauf mit dem Hochdruckreiniger verpasst, damit du weißt, wie sich das anfühlt, Arschloch!*

Leandro verstand zwar kein Wort Deutsch, aber anscheinend hatte ich mich trotzdem verständlich ausgedrückt. Er ließ mich los. Ohne ein weiteres Wort zu verlieren, schleppte ich mein Abtropfgewicht schnurstracks aufs Damenklo, wo ich in meinem pinkfarbenen Fiorucci-Badeanzug die Reste meiner Unschuld fand. Während ich in anderen Kulturkreisen wohl mit dem Swimmingpool zwangsverheiratet worden wäre, meinte meine Mutter nur ganz pragmatisch: »Sei froh, diese Schweinerei hast du schon mal hinter dir!« Danke, Mama!

Nach meinem lustvollen Liebesspiel im Wasser hatte ich absolut keine Lust mehr auf Männer, schließlich waren die im Besitz eines »Deflorierungs-Werkzeugs«. Der liebe Leandro stand jedoch anscheinend auf abweisende Zicken. Er klebte mir bis zum letzten Urlaubstag wie Kot am Schuh. Als Belohnung bekam er trotzdem nur einen heißen Abschiedskuss. Hätte er gewusst, dass er es war, der mir die Unschuld raubte, hätte er mir sicher nicht so bedröppelt nachgewunken.

PS: Beim »zweiten« Mal tat's übrigens trotzdem noch weh …

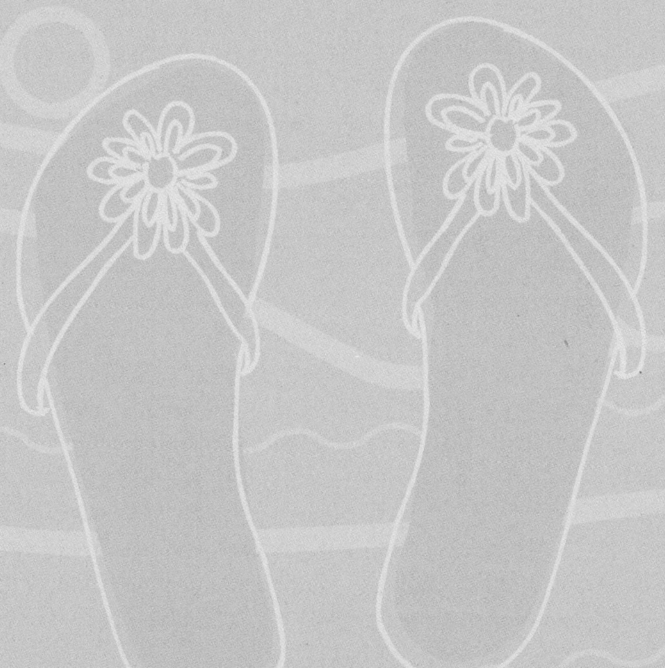

Abitur? Pillepalle! Drei Stunden Live-Moderation? Lächerlich! Aber die Führerscheinprüfung – die schlimmsten 45 Minuten meines Lebens. Und ich musste sie gleich zweimal über mich ergehen lassen! Die wirklich unfähigste, talentfreieste Fahrschülerin, die jemals einen Fuß auf ein Gaspedal setzte, heißt Sonya K.! Gegen meine Anfahrtskünste sah jedes noch so gefürchtete Fahrgeschäft auf dem Jahrmarkt alt aus: *Hereinspaziert! Nehmen Sie Platz, schnallen Sie sich an, und entfernen Sie lose Gegenstände dringend aus Ihren Taschen. Betrunkenen und Kindern ist das Mitfahren nicht gestattet.* Ich war der »Ruckel-Rider«! Hätte mein Fahrlehrer sich nicht gewissenhaft angeschnallt, ich hätte ihn bei jeder grün werdenden Ampel quer durch die Windschutzscheibe ins Weltall geschossen. Mein Dilemma fing allerdings schon bei den Grundlagen an: Wo ist rechts, und wo ist links?
So begann auch die Führerscheinprüfung mit einer altbewährten Routinemaßnahme: Mit dem Edding malte ich ein großes »R« auf den Rücken meiner rechten und ein großes »L« auf den Rücken meiner linken Hand! Ein resigniertes Nicken meines Fahrlehrers bestätigte mir, dass ich diesmal die richtigen Buchstaben für die jeweilige Hand erwischt hatte. Frohen Mutes ruckelten mein Fahrlehrer, ich und der bereits jetzt geschockte Prüfer los. Strategisch klug beschloss ich, meine kleinen Schwächen mit einem zügigen Fahrstil zu kompensieren. Funktionierte großartig, ich war sehr souverän! Nur die alte Oma mit Gehhilfe war auf dem Zebrastreifen einfach deplatziert. Wurscht! Wenigstens konnte ich jetzt endlich mit meiner Geistesgegenwart brillieren: Voll in die Eisen! War das bitte cool? Ich hatte die Oma noch nicht mal touchiert. Das nennt man Reaktionsgeschwindigkeit! Mein Prüfer ertrug sein Martyrium tapfer volle zwölf Minuten, bis er schweißgebadet hervorbrachte: »Rechts ran! Sofort!« Einparken? Gut, war ein bisschen schwieriger, aber letztlich auch

kein Problem! Schwungvoll wuchtete ich den VW Golf rückwärts in eine großzügig geschnittene Parklücke, ohne auch nur einen einzigen Scheinwerfer mitzunehmen. Ich stellte den Motor ab und strahlte stolz in den Rückspiegel. Wow! Was für ein Glück, diese Parklücke hatte der Himmel geschickt.
»Das ist eine Feuerwehreinfahrt!«, knurrte mein Fahrlehrer von rechts. Mein Prüfer schwieg. Nach zwei Minuten eisiger Stille beschlich mich ein leiser Verdacht: Hatte ich die Prüfung jetzt nicht bestanden, oder was? Nein, hatte ich nicht. Dafür aber weitere 25 heitere Fahrstunden vor mir. Erst dann befand mich mein Fahrlehrer wieder für prüfungstauglich. Meine zweite Chance auf den Lappen, um den die Welt sich drehte! Die Worte meines Prüfers (es war derselbe wie beim letzten Mal), als er mir nach grausamen 45 Minuten endlich den Schein in die Hand drückte, waren: »Fräulein Kraus! Ich bin mir bewusst, dass Sie immer noch eine Gefahr für die Allgemeinheit sind. Aber noch eine Fahrt mit Ihnen verkraftet mein Bypass nicht!«

VON BOOPS AND BODYS! MEINE ZEIT ALS MODEL!

Von Boobs & Bodys – Mythos Modelzeit (von 15 bis 25)

Alle Models koksen! Wobei Koks sowieso die einzig feste Substanz ist, die sie zu sich nehmen.

Ansonsten wird ausschließlich gehungert! Ausgenommen die bulimiekranken Models – die kotzen!

Alle Men-Models sind schwul, und die weiblichen vögeln den Fotografen.

Natürlich verdient man als Model so unglaublich viel Geld, dass man sein Leben lang nicht mehr arbeiten muss, falls man sich nicht sowieso schon einen Millionär geangelt hat.

Genauso ist es ... vielleicht im Fernsehen! Die Wahrheit sieht ein klein bisschen anders aus. Wenn Sie den Wahnsinn des Model-Business wirklich auf Dauer durchstehen wollen, gibt es vier Tabus: **Koksen, Kotzen, Kohle raus hauen und Kerle klarmachen!** Wieso? Models müssen körperlich fitter sein als Rambo im Dschungeleinsatz!

Die Beweise:

Diese echte Schlange war eine falsche. Obwohl ihres Zeichens Würgeschlange, biss sie zu! Und das, während ich mich nichts ahnend halbnackt auf dem Flokati räkelte. Das hinterlistige Mistvieh wollte mich mit einem gezielten Biss in die Oberarmarterie in die ewigen Jagdgründe schicken. Aber hey, halb so wild, sie wurde eine schöne Handtasche.

PS: An alle Nattern dieser Welt, legt euch nie mit Boa constrictor Kraus an!

Für eine Aufnahme posierte ich gefühlte 15 Stunden nonstop unter Mallorcas glühender Höhensonne und erlitt ein kurzfristiges Nierenversagen, weil ich völlig dehydriert war. Die Einzigen, die Spaß hatten, waren Oma und Opa aus dem Krampfader-Geschwader, die hinter dem Fotografen fleißig Urlaubsdias mitknipsten. Die Rache für mein heißes Bikini-Foto hingegen wird mich spätestens in zwanzig Jahren in Form eines Giga-Melanoms einholen. Das Lifting bei Dr. Mang mit 35 ist übrigens auch schon vorbestellt!

Ja, ich habe viele Opfer gebracht! Als vor zehn Jahren die Bleaching-Welle aus den USA zu uns rüberschwappte, litt auch ich unter der Wahnvorstellung, meine Zähne wären zu gelb für die Welt, schließlich war ich ja kein Model für Yellow-Strom. Nach einer dreiwöchigen Zahnbleichkur waren meine Zähne zwar genauso weiß wie vorher, dafür hatte sich mein Zahnfleisch vorübergehend verabschiedet.

Auch wenn es erst heute richtig schick wird, sich die Augen lasern zu lassen, ich habe schon 1995 meine erste Öko-Laser-OP hinter mich gebracht. Nennt mich ruhig Trendsetterin! Zehn Stunden auf dem Gipfel ohne Gletscherbrille – eine Grenzerfahrung der besonderen Art. Ich sah schon VOR meinem Tod das gleißende Licht am Ende des Tunnels. Und das auch noch zwei Wochen später.

Meine chronische Blasenentzündung (alle Jahre wieder!) verdanke ich einem Shooting an meiner Lieblingslocation: Hamburger Hafen mitten im Winter – und das in Hotpants. Als mir eine Orkanböe bei fünf Grad minus durch die Schenkel pfiff, war der Nährboden für meine Haustierchen – die putzigen Bakterchen – bereitet.

Modeln ist ein verdammt harter Job! Und wenn Sie Pech haben und nicht so fleißig gebucht werden, ist er noch nicht einmal zwingend lukrativ.

Doch es gibt auch echte Vorteile:

Für alle Globetrotter, denen der Duft von Kerosin und fremder Kultur den ultimativen Kick verpasst, ist Modeln ein echter Traumjob. Würde ich meine Miles-&-More-Punkte nachträglich einfordern, wäre die Lufthansa morgen pleite.

Außerdem konnte ich in keiner Phase meines Lebens meine multiplen Persönlichkeiten so perfekt ausleben: Heute Käte Kraus in Kittelschürz' am Küchenherd, morgen lässiges Luder in Lack und Leder und nächste Woche mein Body im biederen Badeanzug auf Barbados.

Wenn ich meine zehnjährige Zeit in einem einzigen Satz beschreiben soll, da kann ich nur den Songtext von Juli zitieren: *Ja ich weiß, es war 'ne geile Zeit, hey, es tut mir leid. Es ist vorbei.*

VOM NOBODY ZUM »GEFEIERTEN MEGASTAR«! DAS ERFOLGSREZEPT MEINER UNGLAUBLICHEN KARRIERE!

»Juchu, ich muss mein Dasein nicht als abgehalftertes Model für Faltencremes fristen! Heute darf ich im Fernsehen eine Bildungssendung auf ganz hohem Niveau moderieren! Eine Show mit dem vielsagenden Namen *talk talk talk*! Bei diesem Job bin ich zwar immer noch halbnackt und zugeschminkt, dass die Poren nur so triefen, aber immerhin, ich hab viel Spaß dabei! Aus dem Laufstegpüppchen Sonya Kraus wurde ein gefeierter Megastar – na ja, zumindest in der SONDERBAR-Rubrik der BUNTEN.

Jetzt mal Karten auf den Tisch! Gab´s ein Rezept für meinen Erfolg? Antwort: Ja, und zwar ein ganz simples! Ackern wie ein Gaul und sich selbst nicht so verdammt wichtig nehmen. Mein Leben und vor allem meinen seltsamen TV-Job hab´ ich einfach gelassen gesehen. Als eine Art Baustelle eben, die mal mehr, mal weniger beackert werden muss. Die manchmal ganz passabel, dann wieder vollkommen baufällig aussieht. Und ich Hammer schwingend mittendrin.
Mein Motto im Job:

»Be nice to everybody on your way up, you gonna meet everybody on your way down again!« Alte Hollywood-Weisheit

In den Club der TV-Superstars werde ich es trotzdem wohl nie schaffen! Denn bis dato benutze ich Koks nur zum Heizen und bin auch noch kein Mitglied bei den anonymen Alkoholikern. Damit geht's mir besser als – optimistisch geschätzt – 50 Prozent der Showbiz-Branche. Eins habe ich übrigens immer vermieden: mir mein blondes Köpflein darüber zu zerbrechen, wie wohl die Zukunft aussieht. So was ist die pure Energieverschwendung! Wie sagen die Kölner so klug: »Watt kütt, dat kütt!« So wie meine »unglaubliche« Karriere beim Fernsehen. Denn:

»Finde heraus, was du gerne tust, dann tu's.«
Coco Chanel

OUTING-ANEKDOTE:

»MEIN WEG DURCH DIE GLITZERWELT DES SHOW-BIZ!«

Wir schreiben das Jahr 1998, endlich hielt ich es in meinen Händen: das Flugticket nach München zum großen Glücksrad-Casting! Meine Chance, mit reifen 24 Lenzen dem ewigen, gar nicht lustigen Zigeunerleben eines Models zu entfliehen: Es ging um sechzig Arbeitstage pro Jahr bei Kabel1 als Buchstabenfee. Bis dato hatte das jahrelange Tingeln durch die Mode-Metropolen der Welt in meiner Birne gravierende Spuren hinterlassen: Die rechte Gehirnhälfte funktionierte noch gelegentlich, die linke war schon reif für die Klapse. Doch einfach so aufhören und studieren war absolut unmöglich! Wie ein Junkie war ich völlig abhängig. Meine Droge: Geld! Genau dieses wollte nämlich der nette Mensch von der Bank monatlich in Massen von mir zurückhaben. Schließlich hatte er es auch einem zweiundzwanzigjährigen selbständigen Fotomodel zum Kauf eines Eigenheims geliehen ...
Mit Dollarzeichen in den Augen hatte ich im Geiste den Glücksrad-Jackpot schon längst geknackt. Jetzt musste nur noch dieser Buchstabenumdreh-Job an Land gezogen werden. Das hieß recherchieren, was für ein Modell »Sonya« denn überhaupt gewünscht wurde – die Kollektion meiner ICHs war schließlich groß! Von der liebevollen Hausfrau und Mutter bis hin zum männermordenden Vamp befand sich alles in meinem Repertoire. Höchste Zeit, sich dazu zum ersten Mal die Sendung in der Glotze anzuschauen.
Mit viel Disziplin und Tapferkeit ertrug ich *Das Glücksrad* bis zum

Finale! Aha, Modell »Nettes Mädchen von nebenan, das brav die Klappe hält und stillschweigend die Buchstaben umdreht« war gewollt. Hübsch, naiv und mit einem ganz dezenten Hauch von Sexappeal. O. k., diese Nummer war zwar meiner Meinung nach ein Auslaufmodell, aber ich hatte sie noch auf Lager. Privat standen Game-Shows ganz unten auf der Liste meiner TV-Favoriten, und Kreuzworträtsel liebte ich ungefähr so sehr wie ein Allergiker Pollen. Aber hey! Es gibt keine Aversion, die man nicht durch eine gute Gage beseitigen könnte!
Gewappnet mit lieblichen Locken auf dem Haupt, einem braunen Leder-Mini mit passenden Stiefelchen und einem eng anliegenden Pulli in frischem Türkis betrat ich nervös den Flieger nach München. Da saßen sie: die üblichen cool in schwarz gekleideten Verdächtigen mit Gardemaß. Alles, was der Frankfurter Raum an Models zu bieten hatte.
»Hallo, Mädels! Is' bei euch mal wieder einer gestorben?«
Die schwarz uniformierte Meute bedachte mich mit der nachsichtigen Miene, mit der man einer geistig Verwirrten eben begegnet. Egal! In mein Handgepäck hatte ich fein säuberlich

- ein sympathisches Dauergrinsen,
- positive Energie und
- die Lebenslüge, dass Game-Shows einfach das Geilste sind,

eingepackt. Ich war »ready for take off«!

Vier Wochen später ...
»So, Sonya, das hier ist das Studio, das hier ist die Buchstaben-Rate-Wand, und das ist eine Kamera, da musste reingucken, hahahaha!«
Hatte ich vielleicht mein T-Shirt mit der Aufschrift »Please speak slowly, I'm a natural blonde!« an? Der Kerl, der mich in die große weite Welt des Glücksrad-Studios einführen sollte, schimpfte sich

Aufnahmeleiter: Modell Cowboy aus dem Western-Versandhaus, und er genoss seine Rolle als Lehrmeister sichtlich.

»Ganz wichtig für deinen Job: Du musst das ABC können! Hahaha!«

Noch ein Schenkelklopfer, der das ganze Team zum Wiehern brachte. Wie seltsam doch diese vierzig neuen, ausschließlich männlichen Arbeitskollegen waren! So ganz anders als meine zart besaiteten Männermodels, für die ein eingewachsenes Brusthaar schon ein Grund für Suizid war. Statt nach Eau de Toilette roch es im Studio nach Testosteron, und von der Harmoniebedürftigkeit meiner schwulen Visagisten war hier rein gar nix zu spüren. Im Geiste hatte ich den Marlboro-Spot vor Augen. Mein TV-Cowboy mittendrin und obendrauf der Werbeslogan: »Das Fernsehstudio – wo Männer noch Männer sind!« Ach, Sonya!

Achtung! Mein Westernheld namens Dany hatte wieder eine wichtige Ansage zu machen: »… und das ist dein Mikro. Aber das brauchste eigentlich eh nich'! Hahaha!«

MOOOOMENT! Was sollte das denn jetzt heißen? War dieser Höhlenmensch tatsächlich der Meinung, eine Frau sollte 2000 Jahre n. Chr. nicht das Recht auf Redefreiheit haben? Die Alice Schwarzer in mir erwachte, um Dany-Dämlich zu Sushi zu verarbeiten. Doch statt die Messer zu wetzen, vollbrachte ich eine für mich unglaubliche Leistung: Mit meinem naivsten Lächeln, Marke »Du bist so groß, stark und toll, danke, dass du mir die Welt erklärt hast«, ließ ich Dany und seinen halb erigierten Penis hinter mir und schaffte es tatsächlich, die Klappe zu halten. Fürs Protokoll: Es war das letzte Mal im Glücksrad-Studio, dass ich die Klappe hielt.

Ich dreh am Rad!

»Ich wollt, ich wär' ein Huhn, ich hab hier nichts zu tun, ich lege jeden Tag ein Ei und sonntags auch mal zwei! Und jetzt alle …«

So viel zu meiner psychischen Verfassung nach hundert Sendungen Glücksrad, zehntausend Kreuzworträtseln und ein paar Millionen umgedrehter Buchstaben. Hatte ich nicht extra die Branche gewechselt, um meine geistige Gesundheit zu retten? Toll, von der war jetzt kein Futzelchen mehr übrig. Unglaublich ausgeklügelte Fragen arroganter Journalisten trugen nicht gerade zur Verbesserung meines Geisteszustands bei:
Frage: »Ist das Umdrehen der Buchstaben nicht eine ziemlich stupide Arbeit?«
Frag mal Erna bei Aldi, ob sie sich von ihrem Job geistig ausgefüllt fühlt! So durfte ich dumme Blondine mich Tag ein, Tag aus dafür rechtfertigen, als Vierundzwanzigjährige einen gut dotierten Job als Glücksfee angenommen zu haben.
Frage: »Warum darf die Glücksfee denn jetzt plötzlich in ganzen Sätzen sprechen?«
Ja, stimmt eigentlich! Es sollte nur stumme Frauen im deutschen Fernsehen geben, und vielleicht können wir übermorgen noch zwei, drei auf dem Scheiterhaufen verbrennen!
Stets stand die unausgesprochene Frage im Raum: »Isse jetzt doof oder isse nicht doof? Und wenn, wie doof isse denn?«
Egal, dafür kassierte ich großzügig Schmerzensgeld, das die zynischen Fragen an mir abprallen ließ. Allein die Vorstellung von Yogi-Tee trinkenden Alt-Journalisten im Literatur-Café, die tiefsinnig über ihre Inkontinenz philosophierten, während ich im sonnigen Süden als fitte Rentnerin meine angesparte Kohle unter die Leute bringen würde, sorgte bei mir für ewig gute Laune!
Außerdem war der Job mittlerweile recht nett: Die Glücksrad-Arbeitsatmosphäre hatte sich entschieden verbessert! Nach wenigen Monaten war im Studio alles unter Kontrolle – unter meiner natürlich! Das immer freundliche Hühnchen konnte nämlich, wenn »Mann« ihm doof kam, zur Kampfhenne mutieren, und deren Schnabel ist bekanntlich ziemlich spitz! Und so trug es sich

zu, dass meine Cowboys ihre Lassos mittlerweile brav an der Garderobe abgaben …

Die glückliche Welt der Glücksrad-Gemeinde …
… bestand fortan nicht nur aus meiner domestizierten Kamera-Crew, sondern natürlich auch aus unserem legendären Studiopublikum. Alle zwei Sendungen nahm ein neuer Schwung jung gebliebener Ratefüchse zur »60plus-Party« auf den Rängen Platz. Auf diese Truppe war Verlass! Jedes Rätsel wurde souverän gemeistert, gern auch mit kreativen Lösungsvorschlägen. So stand einst auf meiner Buchstabenwand:

DiE TÄNZERiNNEN VOM LiD_!

(Ein kleiner Tipp für den Glücksrad-unerfahrenen Leser: Der Kandidat muss den fehlenden Buchstaben in der Lücke erraten!)

Kandidat: »Ich hätte gern ein ›L‹ wie Ludwig!«
Geil, gab's jetzt Can-Can-Tanz beim Discounter an der Kasse? Sonya, beiß dir auf die Lippen, sonst schmeißt du dich weg, und dann bist du den Job los! Auf in die nächste Rate-Runde! An meiner Wand eine Redewendung:

K_LLE ALAAF!

Kandidat 1: »Ich möchte lösen.« Siegessicher: »Kille Alaaf!«
»KILLE ALAAF?!« Ich mach mir in die Bux! Ein unfaires Rätsel, der Kandidat war einfach kein Karnevalist! Aber dann tönte es von

Kandidat 2: »Ich kaufe ein A!
»KALLE ALAAF?« Hilfe! Bei mir brachen alle Dämme. Alarm für Tena-Lady!

Doch gerade in solchen »Notsituationen« konnte man auf unsere graumelierte Glücksrad-Gang zählen: So trug es sich zu, dass bei einer Halloween-Sendung der Kleber meines Vampir-Gebisses jämmerlich versagte. Ein verzweifelter Hilfeschrei von mir genügte! Und zack! Zeitgleich wurden auf der Zuschauertribüne zwanzig Handtaschen aufgerissen, und mit beherztem Griff war die paradiesische Vielfalt der Mundhygieneartikel herausbefördert. Ich war gerettet: Haftcreme so weit das Auge reichte!

Auch der Postmann sorgte täglich für amüsante Abwechslung, denn er brachte die lustige Fanpost für die Glücksradfee:

Verehrtes Fräulein Sonya,

ich schreibe Ihnen hiermit, um Sie über meine Studienarbeit zu informieren. Als Modedesign-Student bin ich im Begriff, eine Studie über Nylon-Strümpfe zu verfassen. Dabei bin ich im Fernsehen auf Ihre erotischen Beine gestoßen. Leider konnte ich nicht erkennen, ob Sie Strümpfe tragen. Wenn ja, sind diese halterlos? Wie viel DEN haben sie? Glänzend oder matt? Um die Beantwortung dieser rein wissenschaftlichen Fragen zu klären, würde ich es sehr begrüßen, wenn es Ihnen möglich wäre, mir ein Ansichtsexemplar zukommen zu lassen. Dieses darf gerne schon getragen sein! Ein frankierter Rückumschlag liegt bei.

Mit freundlichen Grüßen
H. Bauer

Ach, ich liebte sie, meine kleinen Perverslinge! Aber auch meine Crew war auf den Geschmack gekommen. Täglich versüßte ich meinen Cowboys den Tag mit einem netten Brief, frei ab FSK 18! Dieser wurde von mir höchstpersönlich ans Schwarze Brett direkt vor der Studiotür geheftet. War tatsächlich bei meiner Fanpost mal kein Perversi dabei, machte sich bei meinen Jungs kolossale Enttäuschung breit. Doch wir mussten nicht lange auf die Erlösung warten. Schon am nächsten Tag flatterte wieder ein persönliches Kunstwerk ins Haus, das an Originalität kaum zu toppen war:

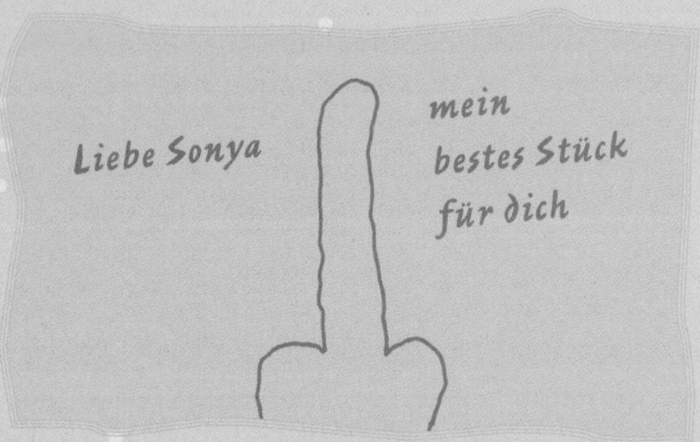

Und die wirre Welt im Studio war wieder in Ordnung!
Na ja, fast!

Denn wenn sie nicht gestorben ist ...,
... dann dreht die Kraus noch heute die Buchstaben um. Schnarch! Langsam wurde es langweilig, verdammt noch mal! Nach sechs Monaten hatte sich meine anfängliche Aufregung gelegt. Wie im Hamsterrad legte ich Kilometer um Kilometer auf meinen hohen Hacken an der Ratewand zurück. Nur die Größe meiner Hühneraugen, unsere lustige Studio-Besatzung und die witzigen Kandidaten brachten etwas Abwechslung in mein Leben.
Ach, und nicht zu vergessen: der ewige Kampf um Sprechzeiten! Während der Sendung hatte ich zwei große Chancen, mehrere zusammenhängende Sätze vor laufender Kamera loszuwerden: am Anfang und beim Finale! Dazwischen wurde ich an die Ratewand verbannt, wo ich nur autistisch die Rätselrubriken ankün-

digen durfte. Es war die Hölle! Also lauerte ich wie ein Scharfschütze auf die Atempausen meines gestressten Moderators, um dann wie eine Kalaschnikow ganze Gewehrsalven belanglosen Inhalts herauszuschießen. Mein armer Frederick – von mir liebevoll »Freddy, der charmante Meisner« genannt! Wie oft hätte er mich gern mit dem Mikro-Kabel erwürgt, wenn ich ihm seine reiflich überlegten Anmoderationen zerquasselte. Aber, er sollte bald erlöst werden!

'tschuldigung, wo geht's denn hier zum Fernsehen???

»Schönen guten Tag, ProSieben hier!«
Das Handy hatte geklingelt, ich hatte brav meinen Namen gesagt, und mehr ging jetzt nicht mehr.
»Frau Kraus? Hallo?«
ProSieben – war das nicht der unglaublich coole Sender mit all den leckeren Moderatoren, den Oscar-Verleihungen, sozusagen Hollywood?
»Hallo, Frau Kraus, hören Sie mich? Hallo? Haaaallo? Ich glaub, die Verbindung ist schlecht ...« *Klick*, aufgelegt!
Nein!!!!!!! Die Verbindung war super, nur ich war stumm!
Ring! Ring! Gott sei Dank! Jetzt nur lässig sein!
»Ja bitte?«
»Hallo, noch mal ProSieben, Sabine hier, Casting-Abteilung. Spreche ich mit Sonya Kraus?«
»Klar, am Apparat!« War das meine Pieps-Stimme oder die von Verona Feldbusch?
»Ich habe eben schon mal angerufen, hab Sie aber leider nicht verstanden. Muss an Ihrem Empfang gelegen haben.«
Wie Recht sie hatte ...
»Wir würden Sie gern übermorgen am Vormittag zu einem Casting einladen, haben Sie Zeit?«
»Nö, aber ich nehm mir Zeit!« Yes, das war gut. Da war sie wieder, die alte Kraus.

»Toll, dann sehen wir uns um 11 Uhr in der Medienallee 7! Ach, und es geht übrigens um die Urlaubsvertretung von *talk talk talk!*« *Klick!*
Was?! *talk talk talk*, auf gut deutsch: »reden reden reden«! Das Paradies wartete auf mich! Ich musste nur irgendwie reinkommen …

Tatort-Analyse *talk talk talk!*

Wen sollte ich denn überhaupt würdig vertreten?
Der Name der Dame war Jessica Stockmann-Stich, ihres Zeichens Ehefrau von Tennislegende Michael Stich. Ihr Moderationsstil? Niedlich, individuell bis speziell, um nicht zu sagen sensationell-legendär! Ihr Look? Blond, zierlich und mit viel Zahnfleisch.
Okay, was hingegen hatte ich zu bieten? *Nicht* zierlich, *viel* Zähne, *wenig* Zahnfleisch! Und *niedlich sein* würde ich auch nie hinbekommen. Mein größtes Manko war aber ein anderes: Woher bekam ich bis übermorgen einen einflussreichen Promi-Mann, der dafür sorgte, dass ich den Job tatsächlich bekam?
Um den »Stockmann-Stichigen-sensationell-legendären« Moderationsstil nachzuahmen, brauchte ich hingegen nur eins: einen kräftigen Schlag auf die Rübe. Das war machbar!

»Ich bin stark, ich bin ehrgeizig, und ich weiß genau, was ich will. Wenn das bedeutet, dass ich eine Zicke bin, dann soll mir das recht sein.« Madonna

Die Stunde der Wahrheit: das Casting!
Alle waren sie da: von Naddel bis Babbel, von MTV bis VIVA, von *Verbotene Liebe* bis *GZSZ* und ich kleine Glücksfee mittendrin!
»Sonya? Du bist dran!«
In einem Sekundenbruchteil drehte sich mir mein Magen um und

schoss seinen gesamten Inhalt durch alle Darmkanäle gen Ausgang! Innerlich schon implodiert, schaffte ich es, folgende Worte zu formulieren: »Ähhh, ich wollte grade noch mal für kleine Mädchen …«

Das war die Untertreibung des Jahres! Mit kleinem Mädchen hatte das erwachsene Vorhaben, das die Kloschüssel und mich erwartete, nichts zu tun.

»Dann geh!«

Gehen? Rennen! Lieber Gott, lass die Toilette eine schallisolierte Sprecherkabine sein! Bitte, bitte, bitte! Der liebe Gott schlief: Das Damen-WC war ein geselliges Örtchen mit sechs Kabinen in Leichtbauweise und regem Besucheraufkommen! Auch egal. Nachdem dieser »Ort der Stille« durch die Explosion des Mount St. Helen erschüttert worden war und ich aus der Kabine links neben mir ein anerkennendes »WOW!« vernahm, war es höchste Zeit für ein aufmunterndes Selbstgespräch. So saß ich da, mit heruntergelassener Jeans und nacktem Hintern auf der Kloschüssel und stellte beruhigt fest: Schlimmer konnte es nicht kommen! Die ganze destruktive Aufregung hatte ich in der Kanalisation entsorgt und konnte nun völlig »befreit« aufspielen, ja, das Casting sogar als neue Erfahrung genießen. Da war er wieder: mein unzerstörbarer Optimismus, mein ganz persönliches »Imodium Akut – Nehmen und gut!«

Völlig »gelöst« meisterte ich das Casting, das rational betrachtet gar nicht so beschissen lief und überhaupt nichts Furchteinflößendes an sich hatte. Hier ein kleiner Flachs mit dem Kamera-Mann, dort ein Scherzchen mit der Casting-Chefin Sabine und dann noch ein paar Textchen in die Kamera sprechen – fertig! Schon auf dem Heimweg ahnte ich: Du hast den Job!

Wochen später erfuhr ich, dass genau diese entspannte Art mir den Job gesichert hatte. Wie bei jedem Bewerbungsgespräch wird auch bei einem Casting nicht nur das Können vor der Kamera getestet, sondern auch, wie man sich verhält, wenn das

Rotlicht *ausgeht.* Warum ausgerechnet bei *talk talk talk* darauf besonders Wert gelegt wurde, erschloss sich mir erst einige Wochen später …

Mein erster Arbeitstag bei *talk talk talk*!

Vorsicht! Freilaufende Moderatorin – streicheln und füttern streng verboten!

Hatte mir jemand zum Scherz ein Warnschild auf den Buckel geklebt? Was war hier los? Endlich hatte ich es in die heiligen Hallen von ProSieben geschafft, und jetzt führte sich hier jeder so seltsam auf! In der Empfangshalle verstummte bei meinem Erscheinen schlagartig jedes Gespräch, betretene Stille machte sich breit. War mein mutig herausgeschmettertes »Guten Morgen!« etwa zu laut gewesen, zu gut gelaunt oder einfach nur zu uncool fürs Fernsehen? Nach einigen Millisekunden echote es zwar verhalten zurück, aber der Großteil der Münder klappte nur auf und blieb offen stehen.

Endlich hatte ich den Aufzug gefunden, die Türen schlossen sich erlösend hinter mir, da durchzuckte mich ein beängstigender Gedanke: Verdammt, solche Reaktionen kannte ich doch! DAS EISHOCKEYSTADION! Ein panischer Griff an meinen Hintern als Klopapier-Schleppen-Schnelltest lieferte jedoch Gott sei Dank das Ergebnis »negativ«. Der Spiegel-Test verlief hingegen durchaus positiv: Da sah alles ganz manierlich aus, keine Krümel an der Nase, keine Reste zwischen den Zähnen, keine Zeit mehr zu grübeln! Der Aufzug spuckte mich in der vierten Etage aus. Hier musste es irgendwo sein …

»Entschuldigung, kannst du mir sagen, wie ich zur *talk talk talk*-Redaktion komme?«

Das junge Mädel kannte sich aus: »Hier links und dann immer den Gang lang!«

Plötzlich völlige Verblüffung in ihrem Gesicht. Hilfe, was war denn jetzt in mein Gegenüber gefahren?

»SSSind SSSie nnnicht die Vertretung von FFFrau Ssstockmann-Stich?«
Aha, nix mit locker! Hier bei einem großen Sender setzte man also auf Etikette und siezte sich.
»Ja, ich bin das neue Plauder-Püppchen, falls ich mich nicht allzu dämlich anstelle!«
Offenbar versprühte ich heute den Charme einer Boa constrictor, denn die Praktikantin starrte mich jetzt noch entsetzter an. Auch auf dem Flur, der mich an mein Ziel bringen sollte, begegneten mir Menschen mit der Angst von Beutetieren in den Augen. So weit wie möglich gegen die Wand gepresst, huschten sie an mir vorbei.
Endlich hatte ich das Büro meines zukünftigen Redaktionsleiters erreicht. Ein Mann wie ein Fels, der anscheinend noch nicht von diesem seltsamen ProSieben-Virus befallen war. Denis war freundlich und respektvoll distanziert. Eigentlich sah er gar nicht aus wie ein Redaktionsleiter. Mehr wie ein … Ja, wie eigentlich? Mist, ich kam nicht drauf.
Dann später, beim gemeinschaftlichen Moderationsschreiben fiel es mir wie Schuppen von den Augen: Denis beäugte mich wie ein erfahrener *Raubtierdompteur*! Jederzeit bereit, den tödlichen Angriff einer Wildkatze abzuwehren. Meine Güte! Was hatte diese zierliche Jessi S. diesen armen Menschen nur angetan? Ich sage nur so viel: Meine Vorgängerin litt scheinbar am »Mariah-Carrie-ich-bin-nur-einsfuffzig-habe-aber-Macht-Syndrom«.
Unter meiner Führung war allerdings ganz schnell aus die Maus mit »Mariah is in the house!« Nach einigen fröhlichen Umtrünken in »meiner« Redaktion war das Eis gebrochen: Man vertraute mir zwar noch lange nicht, aber machte sich zumindest nicht mehr vor Angst in die Hose …
Härter zu knacken waren die Kerle der Studiocrew! Die Jungs waren von der vergangenen Zeit bei *talk talk talk* anscheinend immer noch stark traumatisiert! Erst nachdem ich in

den Umbaupausen stundenlang schmutzige Witze und jeden schlüpfrigen Schwank aus meinem Leben zum Besten gegeben hatte, hörte ich aus dem Dunkel der Deko die erlösenden Worte: »Du, Sonya ...« Man sprach mit mir wie mit einem menschlichen Wesen. Hurra! Das Studio war aufgetaut und hatte endlich meine Betriebstemperatur erreicht!

Wie ging's nach der Urlaubsvertretung weiter?
Frau Double-S wurde kurze Zeit später verabschiedet, und ich übernahm die Moderation bei *talk talk talk*. Es ist mir bis heute ein Rätsel, warum!?

»Ich bin nur so gut wie mein Team! So schön, wie meine Maske mich schminkt! So faltenfrei, wie mein Lichtsetzer mich ausleuchtet! Und so erotisch, wie mich mein Regisseur in Szene setzt!« Eine kleine Glücksfee

DER DREISSIGSTE! BIN ICH JETZT TOT?

»Mit 30 fängt das Leben erst an!«
»Man ist so alt, wie man sich fühlt!« und
»Happy Birthday to you! Happy Birthday to you! Happy Birthday, liebe Sonya ... Happy Birthday to you!«

Wer zur Hölle hat diese Weisheiten zu Papier gepinselt? Eine senile Hundertjährige? Wahrscheinlich war's ein Mann. Oder eine verhärmte Schlagersängerin jenseits der Menopause, die ihre Worte für intelligent, aufbauend und poetisch hielt.
Was soll das? Ich behaupte doch auch nicht, eine Darmspiegelung sei so angenehm wie eine Spa-Behandlung. Dreißig werden ist scheiße! Kennen Sie den Film *Der Tod steht ihr gut*? Seit

meinem 30. Geburtstag geht's mir exakt wie Goldie Hawn: Jeder morgendliche Badbesuch ist mehr als nur ambitioniert. In einem Akt der Verzweiflung versuche ich, die Vorboten des Sensenmanns mit literweise Make-up-Paste zu übertünchen.

Mit ein bisschen Dünger wird jede Schachtel jünger! Da wird draufgespachtelt, was die Dose hergibt, denn es lässt sich nun mal nicht leugnen: Der faltige Lederkoffer, der mir seit neuestem aus dem Spiegel entgegengrinst, ist mein Kopf! Daher denke ich ernsthaft darüber nach, mir demnächst eine Vorrats-Bottle Botox zuzulegen. Gut, ich würde nach zwei, drei Lifting-Spritzen vielleicht ein bisschen emotionsloser rüberkommen, aber als Dreißigjährige hat man sowieso nicht mehr viel zu lachen: Wenn ich zum Beispiel meine knackenden Knochen in einem Anfall völliger Selbstüberschätzung mal wieder aufs Fahrrad hieve und meine Gesäßhälften im Gegenwind nur so vor sich hinflattern, weiß ich: Sonya – bald isses soweit. Dauert nicht mehr lange, bis du dich mit einer flotten Tena-Lady fürs Seniorenturnen schick machst und dort zwischen Kniebeugen und Stretching sämtliche Teilnehmer über die Konsistenz deines Stuhlgangs informierst.

Ja, genauso fühle ich mich in der Regel. Zum Glück hab ich die nur einmal im Monat!

An allen anderen Tagen fühle ich mich einfach pudelwohl in meiner Haut! Wäre doch auch mehr als albern, wenn wir Frauen uns von ein paar Fältchen und zwei, drei Dellen am Arsch aus der Bahn werfen ließen. Das Leben ist einfach genial! Älter werden auch! Was gibt es Aufregenderes, als mit jedem Tag ein bisschen mehr Lebenserfahrung zu tanken? Weiß der Himmel, was das Leben noch so alles in petto hat – ich freue mich sehr darauf, genau das herauszufinden. Denn, wenn wir ehrlich sind: Die Zukunftsausblicke sind selbst jenseits der 30 alles, nur nicht langweilig!

Erstens: Ab 40 gilt es unter Frauen als schick, sich einen zwanzigjährigen Liebhaber als Turngerät zuzulegen. Und wenn ich bedenke, wie sehr die kleinen Knackwürstchen auf reifere Frauen abfahren …

Zweites: Spätestens im Elektro-Shopper sitzend, kann eine Frau wieder High-Heels tragen.

Und drittens: In Anbetracht der Tatsache, dass die Sex-Spaßkurve seit meinem 16. Lebensjahr konsequent ansteigt, freue ich mich schon jetzt auf wilde Spielchen mit 70! Könnte mir vorstellen, dass man in einem Bett mit elektrisch hochklappbarer Rückenlehne so einiges anstellen kann.

In diesem Sinne: **Ein dreifaches Hipphipphurra aufs Älterwerden!**

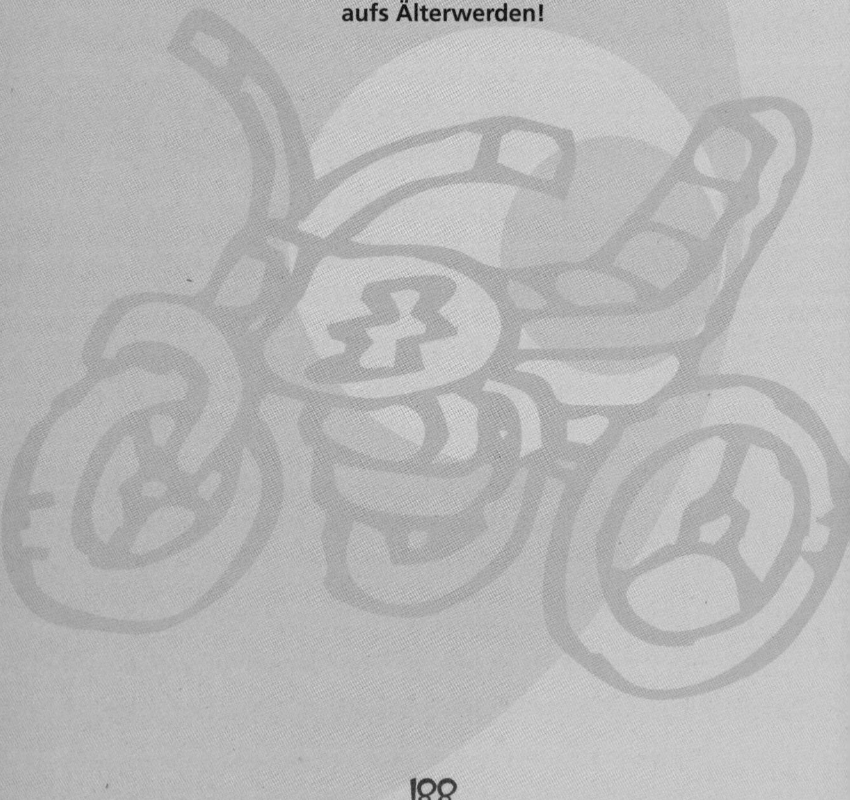

BONUS-BEILAGE: BASICS FÜR DEN PERFEKTEN BAUSTELLEN-LOOK!

»Es kommt natürlich nur auf die inneren Werte an!«

»Wer auf Äußerlichkeiten achtet, ist doch vollkommen oberflächlich!«

Ja, ja, aber klar doch! Nur ganz so einfach und idealistisch ist das Leben eben nicht. Wer solch abgedroschene Phrasen von sich gibt, hat nicht bemerkt, dass wir in einer visuellen Welt leben. Optik zählt, egal ob beim Kauf eines Autos oder der Wahl des Partners. Dieses Verhalten ist aber keine Erscheinung der Neuzeit! Wissenschaftliche Studien haben ergeben, dass sogar schon Babys und Kleinkinder positiv auf Gesichter reagieren, die allgemein als schön eingestuft werden. Der Wunsch nach Attraktivität ist also tief in unserer Psyche verwurzelt. Im Laufe der Evolution hat Mutter Natur in unser Gehirn einprogrammiert:

schön = gesund = stark!

Es ist also völlig legitim, wenn sich Geist und Seele auch einen attraktiven Körper wünschen.
Wen könnte man mit dem Versprechen vom tollen Weinkeller in ein Haus locken, das einsturzgefährdet aussieht? Gut, eine Schnapsdrossel vielleicht. Aber wollen wir die?
Keine Angst! Sie sollen nicht gleich zum Supermodel mutieren – aber nutzen Sie Ihre Chancen und Ressourcen! Auch ein 100-Kilo-Vollweib kann gepflegte Augenbrauen haben und damit wunderbar das Augenmerk des Betrachters von ein paar kleinen

Fettpölsterchen ablenken. Wir leben im 3. Jahrtausend n. Chr. – alles ist möglich!

»Männer betonen immer wieder, sie liebten die innere Schönheit der Frau – komischerweise gucken sie immer ganz woandershin.« Marlene Dietrich

Die nachfolgenden Tricks und Kniffe sind nicht unbedingt etwas für jeden Tag. Aber bei besonderen Gelegenheiten, sozusagen wenn's drauf ankommt, darf schamlos geschummelt werden. Also, meine Lieben, nur Mut! Viel Spaß beim tiefen Griff in den Werkzeugkoffer der weiblichen Verschönerungskunst!

PINSEL, FARBE, SPACHTELMASSE! DIE 20 BESTEN BEAUTY-TIPPS

»Ein Intellektueller ist der ideale Mann. Er ist so stark mit seinem Innenleben beschäftigt, dass Frau genügend Zeit bleibt, sich mit ihrem Äußeren zu beschäftigen.« Sophia Loren

IMMER UNTERSCHÄTZT: DIE AUGENBRAUEN!

Wahnsinnig oft sehe ich Frauen mit schrecklich geformten Brauen, denen ich am liebsten sofort mit der Pinzette zu Leibe rücken würde! Augenbrauen sind leicht zu verändern und zusammen mit dem Mund für unseren Gesichtsausdruck verantwortlich. Achten Sie mal bei Zeichentrickfilmen darauf, wie nur mit kleinen Veränderungen der Brauen klare Kommunikationssignale gesetzt werden. Filmstars wie Marlene Dietrich und Brooke Shields prägten mit ihren Augenbrauen sogar ganze Make-up-Trends.

Wie zaubere ich also aus meinen Theo-Waigel-Büschen zwei schön geschwungene Linien? Eine **Augenbrauenschablone** ist ideal für diejenigen unter uns, die nicht das zeichnerische Talent von Picasso haben. Mittlerweile gibt es diese Vorlage auch bei uns zu kaufen, man kann sie sich jedoch auch ganz simpel aus einer festen Klarsichthülle für Dokumente selbst basteln:

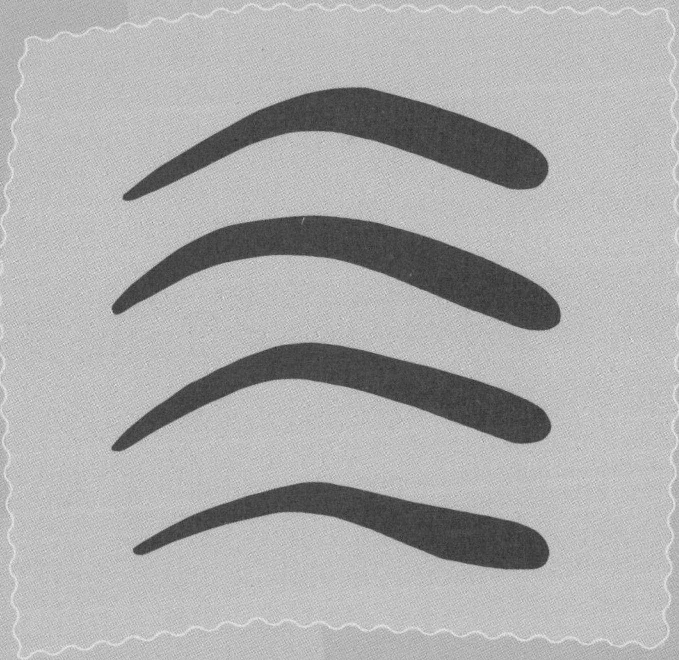

Einfach die Dokumentenhülle zum Abpausen auf die gewünschte Form legen und diese dann mit einem Edding übertragen. Jetzt das Ganze nur noch mit einer Nagelschere sorgfältig ausschneiden, und fertig ist die AUGENBRAUENSCHABLONE!

Anwendung:

SCHRITT **1**:
Mit einer alten Zahnbürste alle Augenbrauen-Härchen nach oben bürsten.

SCHRITT **2**:
Schablone auflegen und mit einem Augenbrauenstift die gewünschte Form übertragen.

SCHRITT **3**:
Symmetrie mit einem Lineal oder Geo-Dreieck überprüfen, denn symmetrische Gesichter nimmt die menschliche Psyche laut wissenschaftlichen Untersuchungen als besonders attraktiv wahr.

SCHRITT **4**:
Jetzt ist Zupf-Alarm angesagt! Alle Härchen, deren Wurzeln sich außerhalb des aufgemalten Bereichs befinden, müssen weg, und zwar radikal.
Die Alternative für schmerzempfindliche Weicheier: Rasieren – aber bitte nicht mit dem Lady-Shaver für die Beine!!! In jeder guten Parfümerie gibt's hierfür extra konstruierte Augenbrauen-Rasierer für wenig Geld zu kaufen.

Die Haut straff ziehen und mit dem Mini-Skalpell die Brauen in Wuchsrichtung zurechttrimmen. Im Übrigen: Mit einem Augenbrauenrasierer lassen sich auch unerwünschte »Schnurrbarthaare« auf der Oberlippe in Sekunden entfernen.

SCHRITT **5**:

Jetzt den Augenbrauenstift entfernen und stattdessen die neue Form mit einem Pinsel und mattem Lidschatten nachzeichnen. Besonders einfach macht man's sich, wenn man auch hier die Schablone zu Hilfe nimmt.

Wichtig! Die drei goldenen Augenbrauen-Regeln:

Brauen dürfen **nie zu dunkel** nachgezeichnet werden, das wirkt künstlich!

Brauen dürfen **nie wie Balken** gemalt werden, das macht alt!

Brauen dürfen **nie Ecken** haben, das sieht zickig aus!

DER PERFEKTE AUGENAUFSCHLAG!

Ein Augenaufschlag ohne Wimpern ist wie …
… ein Cocktail ohne Alkohol – völlig wirkungslos!
Leider sind von Natur aus vor allem Männer mit mörderischen Wimpern gesegnet. Eine Ungerechtigkeit, gegen die »ein Kraut gewachsen ist«: Denn spätestens seit den fünfziger Jahren des letztens Jahrhunderts gibt es so gut wie keinen weiblichen Star mehr auf der ganzen Welt, der, wenn es darauf ankommt, nicht voll auf angeklebte Wimpern setzt. Wie sonst, glauben Sie, haben Beautys wie Marilyn Monroe oder Audrey Hepburn ihren sensationellen Augenaufschlag hinbekommen? Daran hat sich nichts geändert: Würde man nach der Oscarverleihung alle falschen Wimpern einsammeln, könnte sich Bruce Willis locker eine

Langhaarperücke daraus klöppeln. Keine Angst, falsche Wimpern müssen nicht nach Fasching aussehen!

Alles ist eine Frage des richtigen Know-hows:

- Hände weg von **Wimpern mit gleichlangen Härchen**! Sternförmige Bandwimpern sehen viel natürlicher aus.
- **Wimpern-Band niemals komplett verwenden**! Am besten Wimpern mit einer Nagelschere teilen oder dritteln, so dass man zwei beziehungsweise drei Wimpernteile erhält. Diese Teilstücke nebeneinander aufs Lid geklebt sehen viel natürlicher aus und machen zudem das Kleben leichter!
- Auch wenn das Band, an das die falschen Wimpern angeknüpft sind, in zwei oder drei Teile geschnitten wird, muss es vorab **in U-Form gebogen** werden, um der natürlichen Augenform angepasst zu werden.
- Immer nur auf das bereits geschminkte **fettfreie Lid** kleben. Beim nachträglichen Auftragen von Lidschatten wird sonst die Wimper eingestaubt!
- Die eigenen Wimpern mit einer Wimpernzange in Form biegen. Das funktioniert und hält am besten, wenn man die Wimpernzange zuvor mit Hilfe eines Föhns erhitzt. Natürlich gibt's auch schon einen **batteriebetriebenen »Lash-Curler«**, der sich per Knopfdruck erwärmt.

Der Kleber macht's! Nichts ist peinlicher als sich ablösende Wimpern. Die Visagisten-Profis schwören auf **DUO-Wimpernkleber**. Ich gebe immer ein Extratröpfchen auf die Ecken der Wimpern, weil sie sich an diesen Stellen am ehesten ablösen. Von der Farbe her ist dunkler Wimpernkleber mein Favorit, da er nach dem Trocknen komplett schwarz wird.

Die Montage ist am einfachsten, wenn die geteilten Wimpern mit einer Pinzette auf die eigenen gelegt und dann an den Wimpernrand des äußeren Augenwinkels gedrückt werden. Viel Spaß beim Klimpern!!!

SCHAU MIR IN DIE AUGEN, KLEINER!

Ein paar wunderbare Profi-Werkzeuge haben es hier in good old Germany leider noch nicht bis auf die Ladentheke geschafft. Sollte es Sie in der nächsten Zeit nach Frankreich oder in die USA verschlagen, dann besorgen Sie sich in einer Apotheke unbedingt **blaue Augentropfen** gegen gerötete Augen! Nichts hilft so schnell und effektiv gegen blutunterlaufene Vampir-Augen wie diese blaue Zaubertinktur! Übrigens wirkt das Wässerchen auch wie ein wahres **Pickel-Tarnwunder**. Einfach ein Tröpfchen auf den wuchernden Widerling träufeln und antrocknen lassen. Nach einem Viertelstündchen sieht zumindest die Rötung des Pickels ganz schön blass aus!

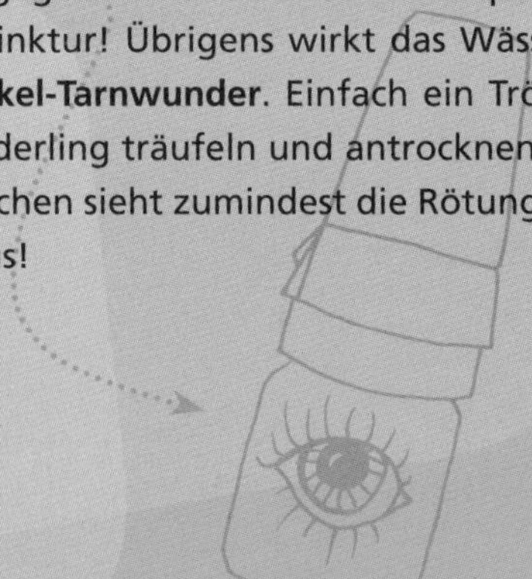

GUTES FÜR DIE FÜSSE!

Mein Schuhschrank ist das absolute Gruselkabinett für jeden Orthopäden, denn ich liebe hochhackige Riemchenschuhe in allen Farben und Varianten. Die auf Dauer zu tragen, kommt eigentlich nur für Mädels in Frage, die schöne, gesunde Füßchen besitzen, von denen meine ballettgeschundenen Quadratlatschen jedoch meilenweit entfernt waren. Aber mit ein paar einfachen Tipps und Tricks habe ich meine Treter wieder hinbekommen!

Quälen Sie Ihre Füßchen nicht unnötig, denn davon haben Sie nur ein Paar!
Bei jeder Gelegenheit lautet das Motto: »Raus aus den Galoschen!« Natürlich gilt dies im Besonderen, wenn Sie High Heels tragen. Selbst bei der Oscar-Verleihung streifen die Stars, sobald sie sitzen, ihre Schühchen ab.

Grundsätzlich gilt: Kaufen Sie niemals zu kleine Schuhe!
Was bei der Anprobe schon kneift, wird Sie später foltern! Nur weiche Wildleder-Treter geben ein wenig nach, alle anderen Materialien bescheren Ihnen hässliche Druckstellen, Blasen oder sogar Hühneraugen. Stiefel kaufe ich immer eine Größe zu groß. So hat man noch die Möglichkeit, ein kuscheliges Söhlchen einzulegen, und es können sich wärmende Luftpolster bilden. Achten Sie mal darauf: Enge Schuhe sind nicht nur gesundheitsschädlich, man bekommt auch viel schneller kalte Füße.

Fangen Sie bloß nicht das Raspeln an!
Genau wie für die Nagelhaut gilt auch für die Hornhaut an den Füßen: Niemals abschneiden! Auch den guten alten Bimsstein können Sie getrost in Rente schicken. Beim Raspeln, Hobeln oder Bimsen wuchert die Haut doppelt so schnell nach – Fußpflegerinnen brauchen schließlich Stammkunden!

Viel besser: die Rubbeltaktik. Anzuwenden nach dem Baden oder Duschen, wenn Finger und Füße so richtig nach Duplos (der längsten Praline der Welt) aussehen und leicht weißlich verfärbt sind. Einfach ein altes raues Frotteehandtuch nehmen und die Fußsohle inklusive Ferse kräftig abrubbeln. Diese Methode entfernt nur überflüssige Hornschüppchen, ohne die empfindlichen tieferen Hautschichten zu verletzen. Dabei stimulieren Sie gleichzeitig noch Ihre Fußreflexzonen! Unerwünschte Nagelhaut lässt sich so ebenfalls ruck, zuck wegrubbeln.

Das Leid mit dem Lack

Manchmal kann ich's gar nicht fassen, wenn ich Ladys mit frenchmanikürten Fußnägeln sehe. Sicher, so viel gepflegte Kunst am Nagel sieht toll aus, doch wer hat dafür Zeit? Meine stressfreie Strategie besteht aus:

- Einmal kurz den nackten Nagel polieren, und danach eine Schicht Unterlack oder Rillenfüller auftragen.
- Dann wird die perfekte Fuß-Farbe aufgepinselt: dunkelrot. Warum perfekt? Dunkelrot sieht sexy aus und ist absolut pflegeleicht.
- Falls der Lack irgendwo abgesplittert ist, wird einfach eine neue deckende tiefrote Lage appliziert, und gut ist's. Dieser Vorgang lässt sich beliebig oft wiederholen.

WISSENSWERTES ÜBER SPITZEN-SPITZER!

Für unsere tägliche Bauernmalerei benötigen wir spitze Stifte. Doch herkömmliche Spitzer sind echte Kajal-Brösel-Dreckschleudern! Da hat selbst die größte Putzteufelin unter uns kaum eine Chance, ihr Schmink-Täschchen sauber zu halten. Profis verpacken den Spitzer deshalb immer in einem verschließbaren Plastiktütchen. Wer Lust auf »High Tech« hat, kann neuerdings »hermetisch abgeriegelte« Spitzer käuflich erwerben. Hier wird der Spitzer mit Gummi-Pfropfen verschlossen, so dass kein Kajal-Bröselchen mehr entkommen kann.

Übrigens: Lipliner, Augenbrauen- und Kajalstifte lassen sich um einiges besser anspitzen, wenn sie vorher ein halbes Stündchen im Kühlfach gelegen haben!

HAUPTSACHE: DIE HAUT!

Im Drogeriemarkt oder in der Parfümerie leide ich beim Thema Hautpflege regelmäßig unter Reizüberflutung. Was gibt es da nicht alles für tolle Produkte, angefangen vom Gesichtswasser, über Reinigungsmilch, Peelings, Bodyscrubs, Masken, Körperöle, Feuchtigkeitslotionen und so weiter.

Reden wir doch mal Klartext: Auch wenn meine Chance auf einen Werbevertrag mit einer Kosmetikfirma damit auf null sinkt – **man kann seine Haut auch überpflegen**! Wer ständig den Fettstift für die Lippen im Gebrauch hat, kennt das Problem: Die zarte Lippenhaut gewöhnt sich an die zusätzliche Pflege und wird süchtig. Sie schreit dann förmlich nach dem Labello. Da hilft nur harter Entzug, und das gilt nicht nur bei der Lippenpflege. Grundsätzlich gilt für die Haut (wie übrigens für die meisten anderen Dinge im Leben auch): Weniger ist mehr!

Kleiner Tipp: Um dem Suchtverhalten der Haut vorzubeugen, ihr aber trotzdem in »angespannten« Jahreszeiten (Sonnenbad, trockene Heizungsluft im Winter) ausreichend Feuchtigkeit und

Pflege zukommen zu lassen, sollten wir nicht immer die gleichen Produkte benutzen, sondern ab und an Hautpflege-Alternativen verwenden. So kann sich unsere Haut nicht so schnell an ein bestimmtes Hautpflegemittel gewöhnen. Trotzdem mit dem Cremen nicht übertreiben: Denn: Viel hilft nicht immer viel!

DIE Y-WASCHUNG!

Auch bei der Körperreinigung übertreiben wir maßlos: In unseren Badezimmern steht eine kostspielige Armee von Körperreinigungsmitteln. Wozu? Solange wir nicht in der Kanalisation joggen gehen, ist es völlig ausreichend, beim Duschen nur gewisse Regionen einzuseifen beziehungsweise nur dort Duschgel zu benutzen: **Achseln, Intimbereich und Füße**. Unseren ganzen Körper mit einer Schaumorgie zu verwöhnen mag ja gelegentlich Spaß machen. Es trocknet Ihre Haut aber nur unnötig aus und schießt den wichtigen Säureschutzmantel der Haut für Stunden ins Nirwana.

RUBBEL DIR KEINEN!

Manche Mädels rubbeln sich dermaßen intensiv mit ihren Handtüchern die Pelle trocken, als ob sie einen unsichtbaren Hornhautpanzer auf dem Rücken, dem Bauch oder an den Armen und Beinen tragen. **Unsere Haut hat es nicht verdient, so rabiat behandelt zu werden**: Nur die Stellen Ihres Körpers, an denen Hornhaut wuchert, dürfen abgerubbelt werden, den Rest **bitte nur abtupfen**! Gelegentlich kann man sich durch diesen schonenden Umgang mit unserer Haut das Eincremen nach dem Duschen oder Baden sparen. Wer auf die letzte Salbung nicht verzichten kann, sollte die noch feuchte Haut mit Öl oder Feuchtigkeitscreme verwöhnen. **Ausnahme**: Beim Popo und den Oberschenkeln können Sie sich hemmungslos rubbelnd bei der **Cellulite-Bekämpfung** austoben.

ABSOLUT FÜR DEN ARSCH!

Kerle kriegen 'ne Glatze und wir einen welken Popo. Ausgleichende Gerechtigkeit könnte man meinen. Denn genau wie beim männlichen Haarausfall ist der Kampf gegen unsere kleine Gewebsschwäche langwierig, frustrierend und teuer.

Was können wir tun, um der Cellulite Paroli zu bieten? Frau könnte zum Beispiel kistenweise Wasser trinken, Körbe voller Früchte und Rohkost vertilgen und täglich mehrere Stunden Sport treiben. Wer hat so viel Zeit? Niemand!

Deshalb glaubt unsereins fest an unzählige Wundercremes, die leider den Nachteil haben, ganz schnell unsere finanziellen Möglichkeiten zu sprengen. Aber was macht die kluge, kostenbewusste Frau von heute: Sie schaut einfach mal auf den Beipackzettel der 80-Euro-Cremes, und siehe da, **Koffein** ist meistens als einer der Hauptwirkstoffe in den Luxuscremes enthalten. Die Schönheitsindustrie hat's nämlich schon seit längerem erkannt: Der Wachmacher im Kaffee hilf auch als **Wunderwaffe gegen die Cellulite**. Also ab in die Küche, Mädels, und den morgendlichen **Kaffeesatz als Popo-Paste recyceln**: Entweder, Sie verwenden den Inhalt Ihrer Filtertüte wie ein Peeling beim Duschen und reiben damit die problematischen Zonen ein, oder Sie gönnen sich über Nacht einen Kaffeesatz-Wickel: Hintern & Co. üppig mit Feuchtigkeitscreme einschmieren, Kaffee daraufgeben und Cellophan-Folie darumwickeln. Achtung: Da unsere Do-it-yourself-Anti-Dellen-Pampe stark färbt, sollten Sie zum Schutz Ihrer Bettwäsche eine alte Strumpfhose über den Wickel ziehen und ein Handtuch unterlegen. Am Morgen danach unter der Dusche einfach alles abspülen!

FÜLLUNG FÜR DIE FALTEN!

Wer sich heutzutage in der **Anti-Aging-Abteilung** einer Parfümerie umschaut, könnte meinen, im Delikatessen-Laden gelandet zu sein. Angefangen bei Fruchtsäure über Kaviarcreme bis hin zu Austernextrakten – alles, was gut und teuer ist, wird hier aufgefahren, um als Wundermittelchen gegen altersbedingte Faltenbildung zu wirken. Klar, funktioniert: Das Entsetzen über den Preis haut selbst die stärksten Falten um.
Da der Glaube bekanntlich Berge versetzt, möchte ich Ihnen bestimmt nicht Ihr Placebo madig machen, falls Sie schon stolze Besitzerin eines **solch teuren Tiegelchens** sind. Wer sich solch ein gutes Tröpfchen geleistet hat, sollte dieses nach dem Öffnen aber **unbedingt im Kühlschrank** lagern. Das konserviert, und der erfrischende Effekt beim Auftragen hilft gegen Schwellungen. Statt mit den Fingerchen in ihrem Pöttchen herumzupanschen, sollten Sie **außerdem einen Spatel** benutzen, denn dadurch wird vermieden, dass ihr Edel-Cremchen durch Bakterien verunreinigt und ranzig wird.
Meine Meinung: Sparen Sie sich den Kauf der teuren Tiegel und investieren Sie die gesparte Kohle in ein anständiges Lifting mit 45!

MEINE LIEBLINGSCREME!

Ja, ich gestehe: Ohne Schmiere geht auch die kleine Sonya nicht ins Bett! In der Apotheke sind Produkte erhältlich, die medizinische Wirkstoffe enthalten. So auch meine liebste Creme: **StrVectin-SD (Stradril)**. Mit dieser ultra-konzentrierten Creme schützen Schwangere normalerweise ihr Bäuchlein vor Dehnungsstreifen. Irgendeine verstrahlte US-Amerikanerin putzte sich nach dem Einmassieren die Finger immer am Gesicht ab und stellte verwundert fest, dass sie nach der Schwangerschaft jünger aussah als davor. Ob es an der Creme lag? Wer weiß. Auf jeden Fall hat das Mittelchen in den Staaten mit dem Spitznamen **»Better than Botox«** eine zweite Karriere gestartet. Lachen Sie mich ruhig aus – ich glaube daran!

Beim Griff in den Medizinschrank geht es aber noch härter: Einige Stars schmieren sich auch gerne mal Hämorrhoiden-Creme in die Visage, da diese nicht nur gegen Krampfadern am Popöchen hilft, sondern auch die Haut zusammenzieht und strafft.

Übrigens: Wer es schafft, sein Gesicht nachts nicht mehr ins Kissen zu knautschen, sondern ausschließlich auf dem Rücken schläft, kann sich das alles sowieso sparen. Denn so bleiben Sie ewig »knitterfrei«!

»Die besten zehn Jahre einer Frau sind die zwischen 29 und 30.« Marlene Dietrich

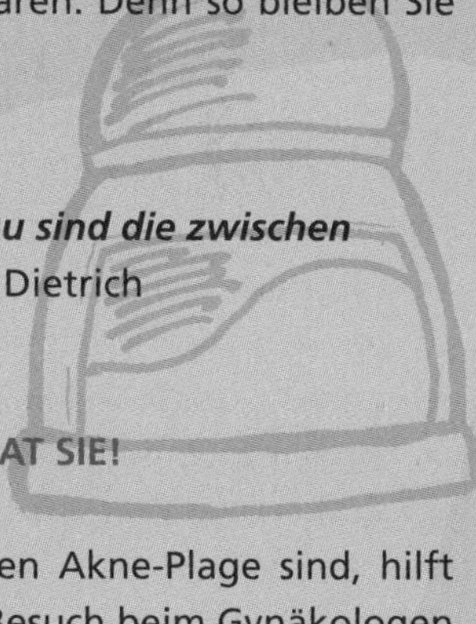

PICKEL-PEST! AUCH CAMERON DIAZ HAT SIE!

Vorab: Falls Sie ein Opfer der richtigen Akne-Plage sind, hilft nur der Gang zum Arzt. Dabei ist der Besuch beim Gynäkologen mindesten ebenso wichtig wie der beim Dermatologen. Oft hilft

schon **das richtige Antibaby-Pillchen**, um eine Haut wie ein Babypopo zu bekommen.
Falls Sie nur ab und zu (oder wie mich pünktlich einmal im Monat) ein Pickelchen plagt, ist das schon schlimm. Sollten unsere Hormon-Hügel die Ausmaße eines Furunkels angenommen haben, ist es eine Katastrophe! Den Biestern muss man mit härteren Geschützen zu Leibe rücken. Mit einer alten Kriegsweisheit hole ich zum Gegenschlag aus: Angriff ist die beste Verteidigung!

1. **Die böse Beule mit Camouflage abdecken!**

   Camouflage ist eine hoch pigmentierte Profipaste, die es als Farbpaletten mit verschiedenen Hauttönen im Maskenbildnerbedarf zu kaufen gibt (www.makeup.de). Die extrem deckende Paste trägt man am besten mit einem Q-Tip oder einem Pinsel auf.

2. **Mit Puder fixieren!**

   Zum Auftragen des Puders benutzen Profis entweder einen Pinsel oder eine Quaste.

3. **Tarnen und Täuschen!**

   Einen stumpfen Kajal oder Augenbrauenstift (Farbe auf den Haut-Ton abstimmen!) mittig auf die Beule setzen und einen kleinen Kreis aufmalen. Danach die Farbe nochmals mit Puder fixieren, damit nichts verwischt.
   Fertig ist der Schönheitsfleck!

Noch ein Wort übers »Poppen«!
Was gibt es Schöneres, als im grellen Licht eines Kosmetikspiegels sich an Mitessern und Pickelchen zu vergehen? Nichts! Trotzdem: Versuchen Sie, diesem archaischen Drang des »Sich-Lausens« zu widerstehen, und suchen Sie sich ein neues Hobby. Die Drückerei hinterlässt böse Spuren im Hautgewebe, die sich in Form von Pigmentflecken, Narben und sogar echten Furunkeln äußern können. Am besten, Sie gönnen sich den Gang zum Profi, der Kosmetikerin.
Wer's einfach nicht lassen kann, muss beim Töten der Pickel-Biester und Mitesser-Aliens Folgendes beachten: Unbedingt sterile Hautritzer (so genannte Blutlanzetten) aus der Apotheke für ein paar Cent besorgen. Damit das weiße Häubchen des Bösewichts vorsichtig anritzen und dann sachte **ziehen**, anstatt wie eine Geistesgestörte im Blutrausch zu drücken! Nach getaner Arbeit nicht vergessen, die Stelle, an der wir den Pickel ins Jenseits befördert haben, mit Alkohol zu desinfizieren!

DAS PERFEKTE MAKE-UP IST SPRÜHEND LEICHT!

Vorbei sind die Zeiten, als Frau noch mit einem Schwämmchen ihr Make-up auftrug! Die moderne Frau von heute greift zum Airbrush, auf gut deutsch zur Spraydose!

1. **Starke Hautverfärbungen wie Pigmentflecken abdecken.**

2. **Dusch-Häubchen aufsetzen.**

3. **Oberkörper frei machen.**

4. **Make-up im Abstand von 20 Zentimetern auf Gesicht und** Hals nebeln.

5. **Mit den Fingerspitzen die Farbe um die Augen verteilen.**

Der Vorteil des Airbrushs liegt in seiner Gleichmäßigkeit! Beim Sprayen lässt sich das Make-up hauchdünn auftragen, und es können keine Flecken entstehen.

»Der Grund, warum Männer Frauen in Make-up mögen, ist simpel: Trägst du keines, haben sie das Gefühl, ehrlich mit dir sein zu müssen, weil du ehrlich mit ihnen bist!«
Sharon Stone

RUNTER MIT DEM MAKE-UP-MATSCH!

Es ist Samstagnacht beziehungsweise Sonntagmorgen, und Sie kommen gerade im alkoholisierten Trancezustand todmüde aus der Disko. Wer hat da noch Lust auf eine akribische Reinigungsorgie? Doch die Make-up-Schicht muss weg, damit unsere Poren nicht zu Mitessern mutieren! Vergessen Sie gleich den bakterienverseuchten Waschlappen. Am einfachsten erledigt man den leidigen Job mit Hilfe von Babywischtüchern, die strategisch günstig im Nachttischchen platziert sind. Was für Babys Po gut ist, wurde bis zum Erbrechen dermatologisch getestet und kann für unsere Visage nicht schlecht sein. Um das Augen-Make-up inklusive der hartnäckigen wasserfesten Wimperntusche zu entfernen, benutze ich Öl-Tücher, für den Rest des Gesichts die normalen Baby-Reinigungstücher. Günstiger geht's nicht!

DER BODYBUILDER-TRICK!

Es gibt einen guten Grund, warum professionelle Bodybilder auf Wettkämpfen grundsätzlich aussehen, als seien sie unterm Asi-Toaster eingepennt und danach noch mal durchs Öl einer Friteuse gezogen worden. Die schlauen Muskelmutanten wissen: **Alles, was dunkel ist und glänzt, hat für den Betrachter mehr Kontur und sieht dadurch definierter aus!** Wir sollten es mit dem Glanz und dem Bräunungsgrad nicht übertreiben, aber trotzdem die Möglichkeit nutzen, ein wenig zu mogeln! Nach diesem Motto präpariere ich mich nämlich gerne auch mal für TV-Auftritte oder Foto-Shootings. Denn auch wenn meine Haxen dank perfektem Licht im Fernsehen immer lecker ausschauen, sie sind es nicht! Im Sonnenlicht sehen sie alles andere als makellos aus!

So werden Bindegewebsschwächen, blaue Flecken und Besenreiser unsichtbar:
Man nehme Babyöl oder eine beliebige Bodylotion für sehr trockene Haut und mische sie mit losem Glanzpuder. Das Pülverchen reflektiert Licht und macht dadurch aus Macken makellose Haut. Hellere Hauttypen sollten beim Glanzpuder zu Gold-, dunklere zu Bronzetönen greifen, wobei Sie natürlich auch beide mischen können. Wer sein individuelles Bein-Make-up gern deckender hat, nimmt mehr Puder, für höhere Transparenz mehr Lotion. Das selbst angerührte Bein-Make-up am besten in einen sauberen Plastikspender abfüllen und vor Gebrauch immer gut schütteln. Schon können Sie glänzende Beine spazieren führen. Übrigens: Was Beine schön macht, kann den Armen nicht schaden!

Auch der richtige Umgang mit der gesunden Sonne aus der Dose – dem Selbstbräuner – will gelernt sein!
Ganz oft höre ich: »Was? Deine Bräune kommt aus der Tube? Bei

mir wird das immer so fleckig!« Dabei ist's wirklich ganz einfach, wenn man diese gold-braunen Regeln befolgt:

1. Knie, Füße, Ellenbogen und Hände (also überall dort, wo die Haut dick und verhornt ist) gut mit Feuchtigkeitscreme einschmieren, so dass an diesen Hautstellen die Farbe nicht so stark einziehen kann.
2. Unbedingt Latexhandschuhe tragen, damit sich die Hornhaut an den Händen nicht gelb verfärbt.
3. Am besten Selbstbräuner verwenden, der braun eingefärbt ist. So sehen Sie sofort, ob Sie Ihre Farbe gleichmäßig verteilt haben.

Übrigens: Verzichten Sie als Selbstbräunerin möglichst auf weiße Bettwäsche – in Hotels haben die Reinigungskräfte mich bestimmt schon oft als inkontinent abgestempelt …

DIE WEIBLICHE MÄHNE UND DIE KRAUS'SCHEN ZOTTEL-REGELN!

Ein paar Worte zu unserem Medusenhaupt: Mit wallendem Haar becircen Nixen und die Loreley in Märchen, Sagen und Legenden die Männer und locken sie in ihr Verderben. Böse Hexen erkannte man am roten Haar! Sogar die ersten Hardcore-Emanzen der Weltgeschichte, das Kriegerinnen-Volk der Amazonen, verzichteten nicht auf die verführerischste Waffe im »Zweikampf« mit Männern: lange, wallende Haare. Dass diese Erzählungen allesamt aus der Feder von Kerlen kommen, oder zumindest von ihnen aufgeschrieben wurden, sagt viel über die Symbolkraft des weiblichen Haupthaares aus.
Auch wenn ER mal wieder nicht gemerkt hat, dass Sie gerade

zwei Stunden Ihrer kostbaren Freizeit dem Frisör geopfert haben, jeder Mann wird beim Anblick einer Walla-Walla-Mähne schwach. Sollen wir wirklich diese männliche Schwäche ausnutzen? Natürlich! Da ich zu der Gattung der Segel-Ohrler gehöre, war ich schon immer dazu verdonnert, meine Matte lang zu tragen. Daher kann ich auf über fünfundzwanzig Jahre Zucht-Erfahrung zurückgreifen.

Die zehn Regeln der kraus'schen Zottel-Zucht!

Am Ansatz fettig, im Mittelteil trocken und in den Spitzen kaputt, so sieht der Prototyp längerer Haare aus. Deshalb:

1. Nur **Bürsten mit Naturborsten** verwenden, die den pflegen den Talg übers ganze Haar verteilen.
2. Genau wie bei Textilien strapaziert ständiges Waschen auch die Struktur Ihres Haares. Bei fettigem, sehr glattem Haar kann die nötige Waschung mit Omas Trockenshampoo herausgezögert werden. In Notfällen kann man statt **Trockenshampoo** auch Puder oder Mehl verwenden. Wichtig: Nach kurzer Einwirkzeit, in der das Fett am Ansatz aufgesaugt wird, gut ausbürsten.
3. **Richtig waschen:** Denken Sie an den 30-Grad-Schonwasch gang: Ihr Haarwasch-Wasser sollte nur lauwarm sein. Shampoo immer nur verdünnt und am Ansatz verwenden. Was davon am Haar herabrinnt, reicht völlig aus, um die restlichen Haarlängen von Rückständen zu befreien. Danach immer eine Spülung verwenden.
4. **Richtig trocknen**: Im nassen Zustand sind Haare extrem empfindlich. Deshalb nie rubbeln oder wie irre frottieren, Sie rauen Ihr Haar dadurch mechanisch auf. Sollte Ihr Frisör es tun, knallen Sie ihm eine!
5. Da jede Form von **Hitze** eine **Belastung fürs Haar** ist, sollte der Einsatz des Föhns nur auf das Notwendigste beschränkt

werden. Die Feuchtigkeit, die nach dem Abtrocknen mit dem Handtuch noch in den Haaren ist, kann mit saugstarkem **Küchenpapier** oder speziellen **Microfaser-Trockentüchern** aus unserem Kopfschmuck gearbeitet werden. Dann erst das fast trockene Haar mit Föhn, Lockenstab oder Glätteeisen in Form frisieren. Unsere Haare werden es uns danken!

6. Unsere kostbare Mähne überlebt das ewige Styling am besten, wenn wir sie fleißig pflegen: Teure Haarkuren möglichst lang, gern auch über Nacht, einwirken lassen. Eine **Duschhaube**, eine **Plastiktüte** oder ein **Alufolien-Turban** sorgen für einen Thermoeffekt, bei dem die Pflegestoffe am besten wirken.
7. **Kostengünstige Kuren aus der Küche: Eigelb mit einem Schuss Bier** verdünnt ist Omas altes Hausrezept. Das ganze riecht zwar gewöhnungsbedürftig, ist aber ein Knaller für trockenes Haar.
   Weichspüler für Feinwäsche macht nicht nur feine Textilien weich, sondern auch unsere strapazierten Stroh-Haare softig. Keine Angst vor Allergien, gute Weichspüler sind dermatologisch getestet. Wenn Sie Ihr gewaschenes T-Shirt auf der Haut vertragen, werden Sie mit Ihrem Weichspüler auf dem Kopf auch kein Problem haben.
   Apfelessig zur Spülung dazugeben, ein paar Spritzer davon genügen, und das Haar glänzt.
   Olivenöl pur in den Haarspitzen ist ein Wundermittel! Besonders im Urlaub als Schutz gegen Sonne und Salzwasser laufe ich den ganzen Tag mit einem öligen Köpfchen rum.
8. **NIVEA-Creme**: Nur einen Hauch davon in den Handflächen verteilen und dann über die Haare streichen. Abstehende Härchen lassen sich so einfacher anlegen als mit Haarspray.
9. Verwenden Sie nur **Haargummis ohne Metallzwicken**, die Ihre Haare nicht brechen.

10. **Haarschutzmaßnahmen für die Nacht:** Durch die Reibung auf dem Kopfkissen, während wir schlafen, verknuddeln lange Zotteln. Das gute alte Nachthäubchen aus der Zeit, als die Damen noch arschlange Haare hatten, machte also durchaus Sinn! Auch heutzutage gibt's gelegentlich gute Gründe für ein »Häubchen«: Mit einem **Haarnetz** können aufwändig gelockte Frisuren über Nacht in Schuss gehalten werden.
Aufwändig geglättetes langes Haar bleibt über Nacht glatt und glänzend, wenn wir die Haare um den Kopf legen, einen **Seidenschal** drumwickeln und dann einfach feststecken. Gegen das Verknuddeln hilft auf die Schnelle auch ein Dutt, der mit einem kuschligen **Zopfgummi aus Samt** fixiert wird. Diese effektvollen Kopfbedeckungen sehen zwar nicht unbedingt sexy aus, aber erstens schläft er ja sowieso vor uns ein, und in Single-Zeiten haben wir das Glück, tragen zu können, was wir wollen!

RAPUNZEL IM HANDUMDREHEN – EXTENSIONS!

Echthaar-Extensions sind nicht nur seit Jahren in Hollywood heiß begehrt, sondern mittlerweile auch bei der gesamten deutschen Showbiz-Bande Standard. So gut wie jede TV-Dame, die Ihnen aus der Glotze entgegenstrahlt und deren Haare überschulterlang sind, hat getrickst! Aber nur die wenigsten geben es zu, was wirklich albern ist! Seit über vier Jahren mogel ich mit meiner Mähne und bin begeistert von dem Mehr an Matte auf meinem Kopf. Hier die Antworten auf die häufigsten Fragen zum Thema Haarverlängerung:

Woher stammen die Haare?

Die echten Haare liefern zum Großteil Inderinnen, die ihre Haarzöpfe in den Tempeln opfern. Die Tempelverwaltung finanziert dann durch den Verkauf der Haare soziale Einrichtungen. Auch aus China werden Haare importiert, die aber aufgrund ihrer Stärke und Struktur weniger für westliche Köpfe geeignet sind. Plastik-Haare aus der Chemiefabrik sind zwar günstig, aber für den Dauergebrauch auf dem Kopf nicht geeignet.

Wie lang müssen meine eigenen Haare sein, bevor Extensions drangeklöppelt werden?

Ihre eigenen Haare sollten mindestens bis zum Kinn reichen, damit eine Verlängerung von maximal 20 Zentimeter natürlich wirkt. Die zusätzlichen Haarsträhnen verleihen sogar dünnem Haar eine unglaubliche Fülle.

Wie finde ich den für mich passenden Haarton der Extenisions?

Unifarbene Haare gibt es in der Natur so gut wie nie! Eine gute Haarverlängerung oder -Verdichtung sollte daher grundsätzlich aus mindestens vier unterschiedlichen Farbnuancen bestehen, damit es natürlich aussieht. Wer will, kann mit verschiedenen Haarfarben einen tollen Strähnchen-Effekt erzielen, ohne das eigene Haar färben zu müssen.

Wie muss ich die Extensions behandeln?

So wie Ihre eigenen Haare, da es sich bei professionellen Extensions um echte Haare handelt. Sie können sie also nach Belieben föhnen, locken, glätten und stylen! Kunsthaare würden sofort »schmelzen«.

Wie werden Extensions befestigt?

Die einzelnen Extension-Strähnen werden mit so genannten Bondings, das sind streichholzkopfgroße Klebestückchen aus Keratin, am eigenen Haar befestigt. Mit einem hochprozentigen Alkohol-Spray können die Verbindungen jederzeit gelöst werden.

Wie lange hält die Haarverlängerung?
Die Strähnen können bis zu einem halben Jahr auf Ihrem Schopf verbleiben.

Was kosten Extensions?
Der Spaß ist nicht billig, denn echte Haare sind teuer, und der Frisör benötigt gut drei Stunden Arbeit, um die Dinger ordentlich und dem Typ entsprechend anzubringen. Der Preis ist abhängig von
a) der Haarqualität
b) der Haarlänge (je länger desto teurer)
c) der Anzahl der benötigten Haarsträhnen.
Ein seriöser Friseur, der auf Extensions spezialisiert ist, wird Sie gern beraten.

Gibt es irgendwelche Nebenwirkungen?
Ja, und zwar ganz massive: Extensions machen süchtig!

»Frauen machen sich nur deshalb so hübsch, weil das Auge eines Mannes besser entwickelt ist als sein Verstand.« Doris Day

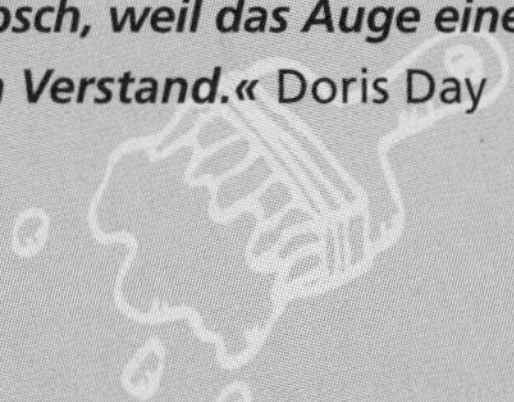

PFUSCH MIT DER FARBE!

Männer lieben alle Frauen, ob rot, ob blond, ob braun! Und wir lieben das Experimentieren mit neuen Haartönen, wobei auch gern mal was schiefgeht! Bei meinen mutigen Selbstversuchen ging schon so mancher Farbton komplett daneben – mich gab's schon in grün und zartem Rosa. Für den Fall, dass es mit dem

Do-it-yourself-Färben und -Tönen mal nicht ganz so hingehauen hat, hier ein paar kleine SOS-Tipps für den Notfall:

Spezialshampoos aus der Apotheke für überpflegtes Haar helfen, Rückstände und damit auch das Gröbste einer verpfuschten Tönung zu entfernen.

Schuppenshampoos entfernen ebenfalls überschüssige Farbe aus chemisch behandeltem Haar, ohne bei mehrmaligem Waschen die Kopfhaut zu strapazieren.

Starker Kaffee oder Espresso, den man zirka 30 Minuten im trockenen Haar einwirken lässt und dann gut ausspült, wirkt bei farblich misshandeltem dunklen Haar neutralisierend.

Mit **starkem Kamillentee** kann man mit derselben Methode Lichtreflexe in hellbraune oder blonde Haare zaubern.

Zitronensaft ist ebenfalls ein natürlicher Aufheller, der auf Grund seiner Säure nur leicht verdünnt verwendet werden sollte.

Eine Spülung mit Rotwein vor der Haarwäsche neutralisiert den Grünstich, der entstehen kann, wenn man mit coloriertem Haar in Chlorwasser schwimmt.

OHREN ANLEGEN OHNE OP!

Falls Sie wie ich bei hochgestecktem Haar Ähnlichkeit mit Dumbo, dem fliegenden Elefanten haben, gibt's Abhilfe, und zwar ohne blutige OP. Besorgen Sie sich im Maskenbildnerbedarf einen Hautkleber namens **MASTIX EXTRA.** Normalerweise wird dieser Kleber zum Ankleben von falschen Hexennasen und Bärten benutzt, aber auch bei unseren Schlappohren wirkt das Zeug Wunder:

1. Die Haut hinter den Ohren mit Alkohol säubern und entfetten.
2. MASTIX EXTRA hinter die Ohren schmieren.
3. Kurz antrocknen lassen (zirka eine Minute).
4. Ohrmuscheln gegen den Kopf pressen, bis der Kleber getrocknet ist, was etwa drei Minuten dauert.

Et voilà: Sie sind windschnittig! Falls Sie Dumbo wieder fliegen lassen wollen, einfach den gummiartigen Kleber mit Hilfe von Öl wegrubbeln.

CHEEEEEESE – BITTE LÄCHELN!

Lachen ist gesund, und ein strahlendes Lächeln schmückt jede Frau mehr als der schönste Brilli. Und mindestens genauso teuer wie ein solcher Edelstein ist es, wenn man wie ich als Kind mit der Zahnbürste auf Kriegsfuß stand. Genauso riesig wie meine Hauer sind, waren auch die Plomben, die ich am Ende meiner Teenagerzeit mit mir herumtrug. Mit Anfang 20 ließ ich mir mein Gebiss komplett sanieren: Raus mit dem giftigen Metall und rein mit der hübschen Keramik. Diese kostspielige »Investition« hat sich nicht nur gelohnt, seit über zehn Jahren verdienen Zahnklempner nix mehr an mir, ich bin auch ein auf ewig geläuterter Zahnhygiene-Freak geworden.
Als »Nicht-Zahnarzt-Frau« empfehle ich jedem unbedingt den Erwerb und Gebrauch einer **elektrischen Zahnbürste!** Wundern Sie sich nicht, dass ich das hier so explizit erwähne, aber als Moderatorin einer Heimwerkersendung war ich bereits unter vielen deutschen Dächern und musste geschockt feststellen: Es gibt sie noch, die handbetriebenen Zahnschrubber! Ab in den Müll

damit! Das ist ein Befehl! Die elektrische Zahnbürste ist ein wunderbares Gerät, man kann damit herumlaufen, unter die Dusche gehen, und es ruckelt, wenn's reicht mit der Putzerei. Das Ergebnis ist fühlbar besser als beim guten alten Handbetrieb. Das Ding rechnet sich, denn die Dritten werden garantiert teurer!

FASSADENVERKLEIDUNG! DIE ZEHN BESTEN STYLINGTIPPS

»Ich kann nicht begreifen, dass eine Frau das Haus verlassen kann, ohne sich hübsch gemacht zu haben. Sie könnte gerade an diesem Tag ihrem Schicksal begegnen.« Coco Chanel

UNTEN WEISS IS 'N SCHEISS!

Unsere optische Wahrnehmung ist so gestrickt, dass für uns helle Farben hervortreten und dunkle zurücktreten. Daher resultiert auch die alte Kleider-Weisheit **»Schwarz macht schlank!«** Also **Finger weg von Unterteilen, die heller sind als Ihr Oberteil!** Durch diese Optik wird sonst jedes Becken, das nur im Geringsten Gebärfreudigkeit suggeriert, überproportional betont. Einzige Ausnahme dieser Farblehre ist bei den Unterteilen unsere gute alte Jeans.

FÜR JEDE SCHNALLE DER RICHTIGE GÜRTEL!

Ladys, wollt ihr einige Zentimeter **Beinlänge dazumogeln?** Kein Problem, einfach einen **Gürtel in Hosenfarben** anziehen. Durch den Gürtel in gleicher Farbe wie die Hose wird das Bein optisch gestreckt. **Übrigens:** Wer seine Hüften zu knabenhaft findet, kann durch einen auffälligen, breiten Gürtel optisch eine sexy Marilyn-Hüfte bekommen.

ZIEHEN SIE SICH DIE HOSENBEINE LANG!

Meiden Sie 3/4-Hosen wie der Teufel das Weihwasser, das Gleiche gilt natürlich auch für die ebenso unvorteilhaften 7/8-Hosen. Diese Hosenlängen unterbrechen ausgerechnet an der Wade Ihre Beinlinie und sorgen für eine optische Amputation. Das Ergebnis? Dackelbeine! Sie wollen lange Beine? Dann tragen Sie **kein Hochwasser,** sondern lange Hosen, die bis zum Boden reichen. Darunter lässt sich auch wunderbar ein Schuh mit Absatz verstecken. Viele kleine Hollywood-Größen (Madonna, JLo, Tom Cruise, Prince) bedienen sich dieses Tricks. Außerdem gilt für uns alle, die keine Nadja-Auermann-Stelzen unterm Becken haben: Selbst wenn Sie die herrlichsten Stiefel im Schrank haben, sollten Sie sich's mit der Hose-in-die-Stiefel-stecken-Mode überlegen. In langen Hosenbeinen machen wir sicher eine bessere Figur!

»Ich verstehe nicht, warum Männer so hinter hochbeinigen Frauen her sind. Je längere Beine eine Frau hat, umso schwieriger ist es, sie einzuholen.« Edith Piaf

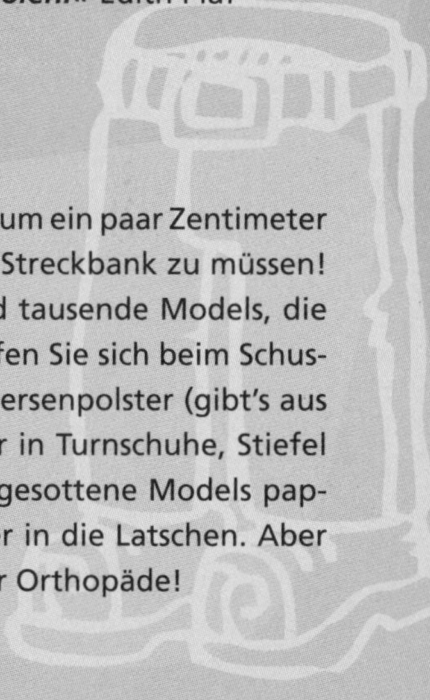

WOLLEN SIE WACHSEN?

Kein Problem! Es gibt einen simplen Trick, um ein paar Zentimeter Körpergröße zu gewinnen, ohne auf die Streckbank zu müssen! Machen Sie es wie Sylvester Stallone und tausende Models, die das Gardemaß nicht ganz erreichen: Kaufen Sie sich beim Schuster oder im Schuhgeschäft so genannte Fersenpolster (gibt's aus Leder und Silikon). Kleben Sie die Polster in Turnschuhe, Stiefel und sonstiges flacheres Schuhwerk. Hartgesottene Models pappen sich für Castings gleich Doppeldecker in die Latschen. Aber übertreiben Sie's nicht, sonst schimpft der Orthopäde!

ZEIG MIR DEINE SCHUHE, UND ICH SAG' DIR, WER DU BIST!

Auch wenn Heidi Klum höchstpersönlich Glitzersteinchen auf ihre Birkenstocks klebt – ich werde selbst mit Hühneraugen und eingewachsenen Zehennägeln diese Trampeltiergaloschen niemals tragen! Denn eine uralte Diva-Weisheit besagt: **»Wie man sich besohlt, so steht und geht man!«** Wie wahr! Was gibt es Erotischeres als eine Frau, die einen tollen Gang hat? Egal, ob locker, lässig in Cowboy-Boots, militärisch dominant in Reiterstiefeln oder eben sexy trippelnd in Pumps – das Geheimnis liegt im Absatz! Durch diese Winzigkeit verändern sich die komplette Haltung und die Körpersprache einer Frau: **Die Beinmuskulatur spannt sich an, der Popo verändert seine Form, und der ganze Torso richtet sich auf.** Viele der berühmtesten Fotografen der Welt arbeiten mit diesem Trick und bestehen darauf, dass ihre Models beim Shooting **High Heels** tragen, auch wenn nur der Oberkörper abgelichtet werden soll. Der legendäre Helmut Newton hat es hierbei bis auf die Spitze getrieben. Er fotografierte Frauen nackt, die aber dann trotz ihrer Blöße absolut stark, souverän, ja sogar dominant wirkten. Wie der gute Helmut, Gott habe ihn selig, das

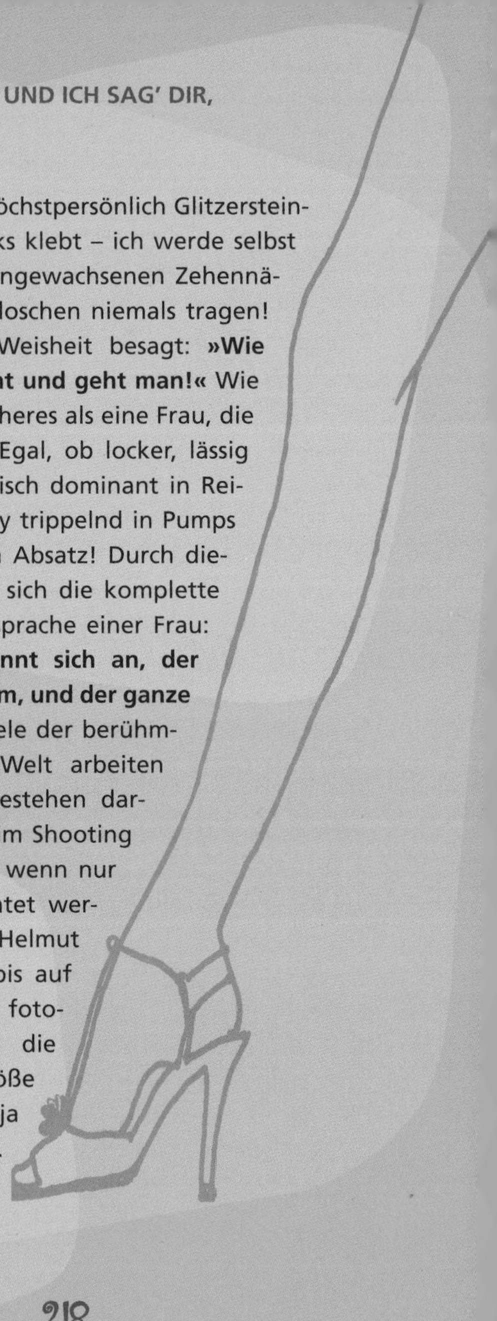

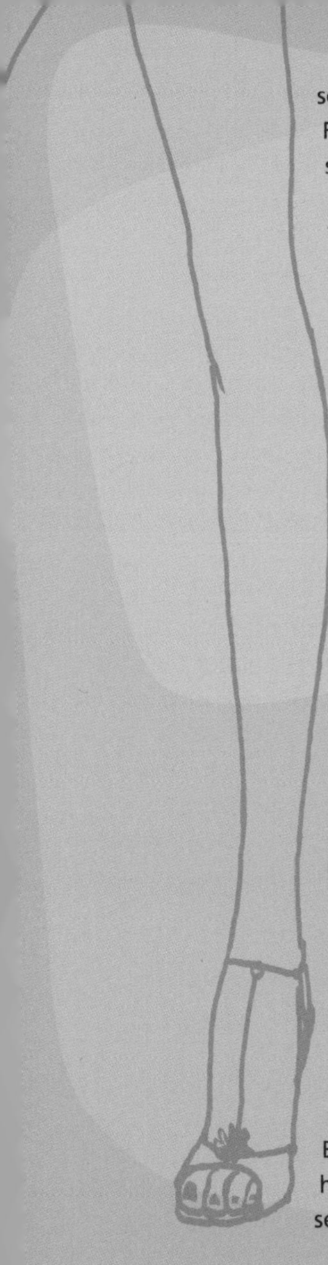

schaffte? Ein Accessoire war auf all seinen Frauenpower-Bildern unerlässlich: hohe schwarze Lack-Stilettos!

Tja, nicht umsonst sind so viele Frauen »schuhkaufkrank«. Wer wollen Sie heute sein? Kaufen Sie sich ein neues Paar Schuhe!

»Ich mag mein Geld genau da, wo ich es sehen kann – in meinem Kleiderschrank.« Aus *Sex and the City*

DIE PERFEKTE BAUCH-WEG-UNTER-KONSTRUKTION!

Es gibt nur eine Gattung »Mann«, von der Frau noch viel lernen kann: die Transvestiten. Diese Mogel-Profis haben einen genialen Taillen-Trick, für den man nur eine **Rolle Cellophan-Folie** aus der Küche braucht. Daraus können wir uns ein perfekt sitzendes Korsett wickeln: Einfach die Rolle an der Taille ansetzen und sich dann um die eigene Achse drehen. Dabei die Folie immer stramm unter Spannung halten, damit das Bäuchlein dorthin verschoben wird, wo wir es gerne hätten. Vom Hüftknochen bis – je nach Bedarf – zur Brustwarze wickeln. Das hauchzarte, doch äußerst stabile Korsett ist der ideale Figur-Pusher für enge

Kleider und figurbetonte Abendroben, bei denen sich jede Rundung abzeichnet. Aber Achtung: Im Hochsommer bitte nicht wickeln, sonst ist Schwitzalarm angesagt, und Sie schmelzen dahin ...

STRUMPF BITTE STUMPF!

Mädels, **Finger weg von hautfarbenen Feinstrumpfhosen mit Glanz!** Die Dinger schaffen es sogar, Nadja Auermanns Traumbeine optisch in fette Krautstampfer zu verwandeln. Und warum? Weil glänzende Materialien Licht einfangen, tragen logischerweise Glanzstrumpfhosen extrem auf. Sparen Sie sich daher den Glanz lieber für den Lipgloss. **Nylons sollten immer matt und gerne ein paar Nuancen dunkler als die eigene Hautfarbe sein.** Wenn es etwas ausgefallener sein soll, dann sind Netzstrümpfe, die man sogar in offenen Schuhen tragen kann, ideal. Damit das Netz aber überall am Bein fest anliegt und die »Salami« in Form presst, muss Profi-Material her! In Tanzgeschäften, die Turniertänzer und Samba-Gruppen beliefern, gibt es die besten Strümpfe überhaupt. Selbst die Stringtanga-Traum-Popos der Samba-Girls bestehen nur zu 50 Prozent aus einem original Brasilien-Body, den Rest besorgt die perfekte Press-Strumpfhose! Bitte, bitte niemals zu bunten Mustern greifen, die sind der sichere Tod jedes schönen Beines!

»Der Pullover einer Frau sitzt richtig, wenn Männer nicht mehr atmen können.« Zsa Zsa Gabor

PORTABLE SILIKONTITTCHEN – EIN KLASSIKER!

Ich gestehe! **Ich bin bekennende Silikon-Trägerin,** und das schon seit Jahren! Nur trage ich das coole Wabbelzeug lieber auf der Haut als drunter. Mein »Händchen voll« (75 B) reicht mir für den privaten Hausgebrauch völlig aus – wenn Sie verstehen, was ich meine ... Manche besonderen Anlässe verlangen aber nach mehr, Spagettiträger und rückenfreie Tops vertragen leider keinen Push-up-BH.

»Lebenskunst ist die Kunst des richtigen Weglassens – das fängt beim Reden an und endet beim Dekolletee.« Coco Chanel

Die künstlichen Kurven (*www.rubenstrading.de*) gibt's mittlerweile für alle Hauttypen, von afrikanisch bis asiatisch, selbstklebend, mit und ohne Nippel. Günstig und unblutig!

DER GEKLEBTE BALKON UND SEINE STATIK!

Wer gerne ein üppiges Dirndl-Dekolletee haben möchte und das auch im rückenfreien Wasserfall-Top, muss sich nicht unbedingt beim Doktor dicke Silikon-Dinger blutig einarbeiten lassen. Wir können unseren Frontspoiler auch selbst hochwuchten und tunen. Allerdings müssen wir bei dieser Methode der optischen Brustvergrößerung hart im Nehmen sein!
Hier die **Bauanleitung für die kraus'sche Brustvollverklebung:**

> Man nehme einen alkoholgetränkten Wattebausch (es sollte nicht der Rest Prosecco von gestern Nacht sein) und entfette damit die äußeren und unteren Hautpartien der Brust.
>
> Mit einem zirka vier Zentimeter breiten Gaffa-Texilklebeband aus dem Baumarkt ein »V« aufkleben und damit die Brüste zusammendrücken. Leichtes Vorbeugen hilft bei der Aktion.

Danach mit zwei Querstreifen die Brüste nach oben pushen. Klebepanzer mit einer Schere an den Ausschnitt Ihres heißen Fummels anpassen. **Fertig ist das Tittenwunder!**

»Natürlich stelle ich meine Vorzüge zur Schau! Sie sind groß, aber ich hatte sie schon immer; ich habe sie hoch geschnürt und damit herumgewackelt. Warum soll ich keine Witze darüber machen, wenn ich mit ihnen ein Vermögen verdient habe?« Dolly Parton

DER PERFEKTE FLECKENKILLER!

Ladys kleckern nicht, und gute Hausfrauen bekommen jeden Fleck raus! Toll, da ich weder das eine noch das andere bin, ziehen meine Outfits **jede Form von Flecken** magisch an. Gerne besudele ich mich auch mal direkt vor einer Live-Sendung. Doch Rettung ist in solchen Fällen immer in nächster Nähe. Meine Stylistin Petra, meine Perle, hat für ihren Dreckspatz immer ein Mittelchen, dem kein Fettfleck gewachsen ist: **Perplex Plus Fleckenwasser!** Dieses Wundermittel direkt mit dem Applikator auf den Fleck reiben, vorab unbedingt ein saugfähiges weißes Tuch unterlegen. Selbst David Copperfield könnte die Kleckerei nicht perfekter wegzaubern. Sogar auf Seide hinterlässt das Fleckenwasser keine Ränder. Nach der Reinigungsaktion mit dem Turbo-Fleckenwasser ist der gesäuberte Fummel sofort wieder startklar. Auch **Reinigungstücher für Seidenkrawatten** sind optimal zur Fleckentfernung auf feinem Tuch geeignet und nur so groß wie ein Erfrischungstuch – ideal für unterwegs!

Zu guter Letzt ...
Eine Danksagung!

Ich möchte mich bei den Personen bedanken, ohne die dieses Buch niemals zustande gekommen wäre:

bei allen Männern dieser Welt!

Bei den Machos, den Longdongs, den Minis, den Komplexis, den Softis, den Supermans, den Arschlöchern, den Casanovas, den Playboys, den Intellektuellen, den Sensiblen, den Abenteurern und all den anderen, die ich jetzt in der Aufregung vergessen habe.
Als reifes Weib muss ich eingestehen: Das Leben wäre ganz schrecklich ohne euch! Und drum ist es höchste Zeit, dass auch mal ein Mann zu Wort kommt:

»Manche Männer bemühen sich lebenslang,
das Wesen einer Frau zu verstehen.
Andere befassen sich mit weniger schwierigen Dingen,
zum Beispiel der Relativitätstheorie!«
Albert Einstein

Last but not least möchte ich mich noch bei einigen wenigen bedanken, die mich bis jetzt auf meinem Karriereweg begleitet haben:

Christian Asanger, Nicola Bartels, Andreas Bartl, Ludwig Bauer, Sandra Bauer, Michael Baumgart, Jobst Benthues, Guido Bolten, Borris Brandt, Peter Breidenbach, Silke Christmann, Alexander Elbertzhagen, Frank Elstner, Stefan Esselborn, Petra Fink, Heike Georg, Marita Gottinger, Irma Gros, Reinhard Haas, André Häfliger, Martin Heidemanns, Malte Hentschel-Schürmann, Michael Hermanny, Christiane Hoffmann, Alexandra Jaschinski, Dejan Jocic, Helmut Kastner, Johannes B. Kerner, Uwe Killing, Matthias Klemenz, Christoph Körfer, Manfred Krammer, Peter Lewandowski, Alois Löws, Gai Mattiolo, Petra Mauss, Iris Mayerhofer, Markus Mohr, Dr. Rosi Natt, Nicolas Paalzow, Stephan Pick, Stefan Raab, Holger Rettler, Patricia Riekel, Urs Rohner, Holger Roost-Marcias, Amirah Saleh, Diana Schardt, Christoph Schrewe, Petra Seibold, Philipp Stahl, Gion Stecher, Claudia von Spreckelsen, Thomas Zwiessler